AF280024

Das Buch

Viele Country-Songs erzählen eine Kurzgeschichte in drei Minuten. Damit gehen sie direkt in die Herzen der Musikfans.

Dank diesem «Storytelling» eignen sie sich perfekt als «Stoff» für Musikvideos, Bücher oder sogar für ganze Filme.

Im vorliegenden Buch hat Chris Regez eine Auswahl seiner eigenen Songs in Kurzgeschichten umgewandelt. Als Grundlage dienten dabei die Texte seiner eigenen Songs.

Das Buch enthält immer den Originalsongtext, ein passendes Bild, die Kurzgeschichte sowie den QR-Code zum Anhören des Songs auf Spotify und den QR-Code zur Chris Regez Playlist.

Bibliografische Information der Deutschen Nationalbibliothek: Die Deutsche Nationalbibliothek ver-
zeichnet diese Publikation in der Deutschen
Nationalbibliografie; detaillierte bibliografische
Daten sind im Internet über dnb.dnb.de abrufbar.

Verlag:
BoD · Books on Demand GmbH,
Überseering 33, 22297 Hamburg,
bod@bod.de.

Druck: Libri Plureos GmbH,
Friedensallee 273, 22763 Hamburg

ISBN: 978-3-8192-0886-7

Chris Regez

Storytelling

Meine Songs als Kurzgeschichten

Alle Personen in diesem Buch sind frei erfunden.
Ähnlichkeiten mit lebenden oder verstorbenen
Personen wären rein zufällig.

Weitere Infos

www.chris-regez.ch
www.der-songwriter.com

Storytelling

Meine Songs als Kurzgeschichten

1. Auflage 2025

«Three Chords And The Truth»
(Harlan Howard)

****

Inhalt

Never without his guitar

1. Late one day on a Sunday afternoon
    I met a sweet lady her name is June
    She saw me after church playing in a band
    The songs we were singing reminded her of him

2. She's 80 years old, still full of life
    Her hands in the air and tears in her eyes
    Every song I played brought memories back alive
    She had a story to tell about a man who died

Ch: John was a wild man but a poet at heart
    You wouldn't find him anywhere without his guitar
    John was her man for 40 years till he passed
    She still got his guitars
    And beautiful memories that last

3. Late one day on a rainy Saturday
    She showed me all the guitars
    John used to play
    June handed me his favourite one,
    Said keep it if you like
    I don't need it anymore but
    I wish he could come back

Songwriter: Chris Regez & Michael Farris © 2024

Never without his guitar

Dieser Song ist noch so neu, dass er erst als Demo-Version existiert. Sobald er fertig ist, wirst du ihn ebenfalls in der Playlist finden.

QR-Code zum Anhören der gesamten Playlist von Chris Regez auf Spotify

Die Herbstsonne hing tief am Himmel und warf lange Schatten über den Vorplatz der Kirche, während die Menschen nach dem Sonntagsgottesdienst langsam auseinanderströmten. Zusammen mit meiner Band hatte ich die Soundanlage für unser Matinéekonzert vor einigen Minuten fertig aufgestellt.

Wie immer platzierten wir unsere Anlage unter der grossen Eiche. Das war der ideale Ort für unser Sonntagskonzert. Dort befand sich sogar ein Stromanschluss, der von der Stadt vor einigen Jahren extra für Live-Events eingerichtet worden war.

Ich stimmte meine schwarze Takamine-Gitarre und blickte auf die Setliste mit den Songs, die wir spielen würden.

Nach einem kurzen Soundcheck erblickte ich sie. Die Frau war klein und ihr silbernes Haar war hochgesteckt. Sie ging an einem Stock. Trotzdem erkannte ich etwas Lebendiges in ihr und trotz ihres Alters wirkte sie noch nicht altersmüde oder abgekämpft. Nur das Gehen schien ihr Mühe zu bereiten.

Die Frau kam auf mich zu und blieb nur ein paar Meter von mir entfernt stehen. Sie beobachtete mich aufmerksam, wie ich den Gurt meiner Gitarre zurechtrückte.

«Hallo, spiel mir bitte einen Song von Tim McGraw», sagte sie freundlich. Ihre Stimme war leise, aber fest.

Ich nickte und nach einigen Minuten begannen wir das Konzert. Nach mehreren Songs von anderen Künstlern fingen wir an, einen Tim McGraw Song zu spielen. Weitere Passantinnen und Passanten waren inzwischen ebenfalls stehen geblieben und kamen ebenfalls näher. Nach dem Tim McGraw-Song spielten wir einen alten Gospel-Song. Dann folgten ein paar Country-Klassiker.

Die Frau hatte sich inzwischen auf eine Parkbank in unmittelbarer Nähe der Eiche gesetzt. Ihre Hände waren gefaltet und sie hörte aufmerksam zu. Während wir spielten, bemerkte ich, wie sie sich plötzlich Tränen aus den Augen wischte.

Als wir fertig waren, stand sie auf und kam langsam auf mich zu. Ihre Augen waren vom Weinen gerötet. Trotzdem lächelte sie mich an.

«Danke», hauchte sie. «Mit all deinen Songs hast du mich an John erinnert.»

Ich wusste nicht, was ich sagen sollte, aber sie schien keine Antwort von mir zu erwarten.

«Mein Name ist June», stellte sie sich vor. «Ich bin achtzig Jahre alt und habe bis jetzt ein angenehmes Leben gelebt. Mal abgesehen von ein paar Ups und Downs. So, wie wir sie alle haben.»

Nach einer Pause zeigte sie auf meine Gitarre und sagte: «Es ist etwas an deiner Art, Gitarre zu spielen, sie zu halten und zu singen, das mich an ihn erinnert.»

Ihre Stimme zitterte leicht. Sie schaute intensiv auf meine Gitarre. Dabei hatte ich das Gefühl, dass sie jemand anderen sah. Als sie ihren Kopf wieder hob und mir in die Augen schaute, blickte ich sie fragend an.

Sie verstand meinen Blick. «John», sagte sie nur. Nach einer kleinen Pause sagte sie lächelnd: «Er war mein Mann. Mein wilder Mann. Mein Musiker und Dichter.»

Sie lächelte. Dann schüttelte sie den Kopf und blickte mich mit ihren blauen Augen intensiv an: «Er war immer mit seiner Gitarre unterwegs. Er nahm sie überall mit hin. In Bars, ins Flugzeug, ja sogar zu unserer Hochzeit. Er war ... einzigartig.»

Ich lehnte mich leicht vor, jetzt neugierig. «Was ist mit ihm passiert?», fragte ich vorsichtig.

June seufzte tief und ihre Finger berührten die Perlenkette, die an ihrem Hals hing. «Er ist vor zehn Jahren gestorben. Ganz plötzlich. Ein Herzinfarkt. Wir waren vierzig Jahre lang verheiratet gewesen.»

Sie kämpfte mit ihrer Stimme und räusperte sich. Dann sprach sie leise weiter. «Vierzig Jahre voller Musik, Lachen und ein bisschen Chaos.»

Sie lachte. Für einen kurzen Moment konnte ich mir vorstellen, wie June damals gewesen sein musste.

Jung und mit leuchtenden Augen, feurig und über beide Ohren verliebt.

«John konnte fast alles spielen», sagte sie. «Country, Blues, Rock 'n' Roll. Aber für ihn war Musik nicht einfach nur Musik. Die Musik bedeutete ihm mehr als alles andere. Sie war sein Leben, seine Passion. Er schrieb Lieder. Er schrieb sogar Gedichte. Mit seiner Gitarre und seiner Musik konnte er Dinge sagen, die er mit Worten allein nicht ausdrücken konnte.»

Ihre Stimme zitterte leicht, als sie weiterfuhr: «Meinen Mann habe ich leider nicht mehr an meiner Seite. Nur noch seine Gitarren. Sieben an der Zahl. Ich brachte es bis jetzt nicht übers Herz, sie wegzugeben. Sie stehen noch alle an ihrem Platz. So wie er es gern hatte. Sie sind alles, was ich von ihm noch habe. An manchen Tagen habe ich das Gefühl, ich könnte ihn noch immer spielen hören. Aber das ist natürlich nur Wunschdenken. Auch heute noch, nach zehn Jahren, vermisse ich ihn in jeder Sekunde des Tages. Und nachts ist es am schlimmsten.»

Wir gingen zur Parkbank und setzten uns. Für einige Momente sassen wir schweigend da, während der Herbstwind die Blätter über uns rascheln liess. Und wieder entdeckte ich neue Tränen auf Junes Wangen.

Ich wusste nicht, was ich sagen sollte. Ich reichte ihr ein Taschentuch. Ihre Geschichte berührte mich sehr. Ich spürte eine Art Ehrfurcht vor dem Leben, das sie mit John gelebt hatte. Und zugleich Bewunderung für die Liebe, die sie mit ihm geteilt hatte, und Bewunderung für die Musik, die sich wie ein roter Faden durch sein Leben zog.

«Könntest du noch ein Lied spielen?», fragte sie plötzlich.

«Natürlich», sagte ich. «Hast du einen Wunsch?»

Sie lächelte. «Spiel etwas Wildes. Etwas, das John gefallen hätte.»

Ich nahm meine Gitarre und begann, einen rockigen Country-Song zu spielen. Ich spielte nur für sie – ohne meine Band. Dabei schloss June die Augen, hob die Hände und bewegte sie im Takt über ihrem Kopf.

Weitere Tränen liefen über ihr etwas faltiges Gesicht. Trotzdem erkannte ich ein leichtes Lächeln. Woran sie wohl gerade dachte?

Für ein paar Minuten fühlte es sich an, als wäre John bei uns. Ich stellte mir vor, wie er dort stand. Ein junger Mann mit einem Lachen im Gesicht, während er aus vollem Herzen Gitarre spielte und dazu sang.

Als das Lied fertig war, stand June auf. Ihre Augen strahlten. «Danke», sagte sie. Ihre Stimme war jetzt wieder gefasst. «Mit deiner Musik hast du heute etwas in mir ausgelöst. Ein Stück von ihm ist dank dir wieder lebendig geworden. Lebendiger als in all den Jahren, in denen er nicht mehr unter uns ist.»

Sie streckte ihre Hand aus und ergriff meine. Dann blickte sie mich an und sagte eindringlich: «Versprich mir, niemals mit Spielen aufzuhören. Die Welt braucht mehr Musik wie deine.»

Als sie langsam davonging, ihr Stock klopfte dabei leise auf dem Kopfsteinpflaster, stand ich noch eine Weile da und überlegte. Dann legte ich meine Gitarre in den Koffer. Obwohl ich John nie kennengelernt hatte, dachte ich an das Leben, das er geführt hatte, an seine Musik und die Liebe, die er hinterlassen hatte.

Ich dachte auch an June. 80 Jahre alt und noch voller Leben. Mit all den Erinnerungen an John, die sie durch ihr Leben begleiten und ihr Kraft geben. Wie eine Melodie, die nie vergeht.

An diesem Tag schwor ich mir, die Musik niemals für selbstverständlich zu nehmen. Denn das Beispiel von John und June zeigte mir eindrücklich, dass Musik mehr als nur ein Klang ist. Sie ist die Sprache der Seele und der Klang des Herzens.

Für viele Menschen ist Musik unverzichtbar. Ein Leben ohne Musik? Undenkbar! Und manchmal ist Musik sogar das Einzige, auf das man sich verlassen kann. Ein einzelner Song kann uns das Leben lang an bestimmte Dinge erinnern. Manchmal kann ein Song sogar mehr ausdrücken als tausend Worte und in schwiergen Momenten kann er Trost und Hoffnung spenden. Das ist etwas, das nur die Musik schafft.

Am nächsten Sonntag spielten wir wieder unter der Eiche bei der Kirche. Als wir fertig waren und alles Equipment eingepackt war, kam June wieder auf mich zu. Sie trug einen weichen blauen Pullover und eine Halskette mit einem kleinen silbernen Medaillon. Ihr Stock klopfte sanft auf das Pflaster, während sie auf mich zuging. Auf ihrem Gesicht war ein Lächeln zu sehen.

Ich hatte sie im Publikum nicht entdeckt, da sie wohl zu weit weg gestanden hatte, als wir unser Konzert spielten.

«Danke nochmals für letzte Woche und die Songs von heute», sagte sie. Ihre Augen strahlten und es bildeten sich kleine Lachfältchen. «Deine Musik bedeutet mir sehr viel. Das musst du wissen.»

«Es war mir ein Vergnügen», antwortete ich lächelnd und gestand ihr: «Deine Geschichte … ich habe die ganze Woche lang daran gedacht.»

«Nun», begann sie mit einem Glitzern in den Augen, «wenn du nächsten Samstagnachmittag Zeit hast, würde ich dich gerne auf einen Tee einladen. Besuche mich bei mir zu Hause. Ich habe eine Überraschung für dich.»

«Womit willst du mich überraschen?», fragte ich.

Lächelnd antwortete sie: «Das kann ich dir jetzt nicht verraten, sonst ist es ja keine Überraschung mehr!»

Am folgenden Samstag fuhr ich zu ihrem Häuschen am Stadtrand. Ihr Zuhause hatte bestimmt schon fünfzig Jahre auf dem Buckel. Es war ein kleines Haus, versteckt hinter hohen Bäumen und umrahmt mit etwas Rasen auf jeder Seite. Der perfekt gepflegte Rasen sah aus wie das Green auf einem Golfplatz.

June begrüsste mich mit einem warmen Lächeln. Dann bat sie mich, ihr zu folgen. June unterliess unnötigen Smalltalk. Wir gingen einen schmalen Flur entlang. Vor dem grössten Foto an der Wand blieb sie stehen und zeigte darauf. Sie erklärte: «John mit seiner Gitarre. Ich daneben. Da waren wir noch jung, wild und schön.»

Schliesslich blieb sie vor einer Tür stehen, öffnete sie und sagte leise, schon fast ehrfürchtig: «Hier hat er sie aufbewahrt.» Dann traten wir ein.

Ich entdeckte ein Tablett mit Eistee und Keksen auf einem kleinen Tisch. Und ich sah sie, die Gitarren.

Der Raum sah aus wie ein Gitarrenmuseum. Sieben Gitarren in allen Formen und Grössen hingen an den Wänden oder standen auf Ständern. Drei Elektrogitarren und vier Akustikgitarren mit Stahlsaiten. Ein paar alte Notenbücher und handgeschriebene Texte lagen auf einem Schreibtisch am Fenster. Sonnenlicht fiel herein und beleuchtete die Gitarren.

June ging zu einer der Gitarren, ihre Hände schwebten darüber, als würde sie einen alten Freund begrüssen. Es war eine abgenutzte Akustikgitarre der Marke Martin. Ihr einst glänzender Lack war durch jahrelangen Gebrauch matt geworden. Behutsam hob sie June aus dem Ständer und hielt sie mir entgegen.

«Das war seine Lieblingsgitarre» sagte sie leise. Dabei zitterte ihre Stimme leicht. «Er spielte sie jeden Tag. Nimm sie. Ich schenke sie dir. Ich kann nichts mehr damit anfangen.»

«Ich ... ich weiss nicht, ob ich das annehmen kann», stammelte ich. Meine Kehle war auf einmal wie zugeschnürt.

Nach ein paar Sekunden streckte ich meine Hände aus, die vor Aufregung leicht zitterten. Vorsichtig nahm ich die kostbare Martin-Gitarre entgegen. Das Holz fühlte sich warm und lebendig an. Welch edles Instrument!

Sie war bestimmt dreissig bis vierzig Jahre alt. Obwohl eine Gitarre nicht allzu viel wiegt, war das Gewicht dieser Gitarre fast zu viel, um sie zu tragen. Ich strich vorsichtig über die Saiten und liess ein paar Töne erklingen. Die Gitarre war komplett verstimmt. Nach Johns Tod war sie nie mehr gestimmt oder gespielt worden.

June legte ihre Hand auf meinen Arm. «Bitte», sagte sie. «Obwohl ich sie dir schenke, gebe ich sie nicht wirklich weg. Jedes Mal, wenn du Johns Martin-Gitarre spielst, wird dank dir ein kleines Stück meines

Mannes wieder lebendig. Dank dir wird seine Musik auf eine neue Art wieder aufleben.»

Beinahe stiegen Tränen in meine Augen, aber ich schaffte es, zu nicken. Nach ein paar Momenten fand ich meine Stimme wieder: «Ich werde dieses wunderbare Instrument in Ehren halten, June», versprach ich. Dann ergänzte ich: «Zudem werde ich John in bester Erinnerung halten, auch wenn ich ihn nie persönlich kennengelernt habe. Sein Vermächtnis wird weiterleben.»

Sie lächelte und ihre Augen glänzten in einer Mischung aus Trauer und Freude. «Das macht mich enorm glücklich und es ist alles, worum ich dich je bitten würde.»

Ich setzte mich mit der Gitarre auf einen alten Holzstuhl, der im Zimmer stand, stimmte das kostbare Instrument, und begann danach, einen alten George Strait Song zu spielen. June setzte sich auf den Stuhl nebenan und schloss die Augen. Ihre Hände faltete sie in ihrem Schoss. Dabei hörte sie aufmerksam zu.

In diesem Moment fühlte es sich an, als wäre John mit uns im Raum und in June wurden alte Erinnerungen wach. Während ich dort sass und auf Johns Gitarre spielte, erfüllte mich ein tiefer Stolz. June hatte mir ein höchst wertvolles Erinnerungsstück anvertraut. Sie hatte mir nicht nur seine Gitarre übergeben. Sie hatte mir erst noch ein Stück ihres Lebens und ein Stück von Johns Leben geschenkt.

Ich bedankte mich herzlich und versprach ihr, gut auf die Martin-Gitarre aufzupassen, sie vorsichtig zu spielen und dem Mann die Ehre zu erweisen, den sie so geliebt hatte. Bevor ich wieder nach Hause ging, tranken wir den Eistee und assen die feinen Kekse. Was für ein spezieller und unvergesslicher Samstagnachmittag das war.

Als mich June das nächste Mal bei einem Auftritt besuchte, spielte ich auf Johns Gitarre. Als ich die Bühne betrat, suchte ich ihren Blick. Sie sass in der ersten Reihe und sie winkte mir zu. Selbst von der Bühne aus konnte ich ihre Tränen erkennen.

Bei diesem Konzert widmete ich John und June einen Song. Als der letzte Ton verklang, strahlte ihr Lächeln heller als die Scheinwerfer über mir.

Ich spielte Johns Gitarre nicht nur bei einigen meiner Auftritte, sondern nutzte sie auch oft beim Songwriting.

Zu meiner Überraschung veränderte sich dadurch meine Musik. Die Melodien meiner Songs wurden reicher und die Texte wurden tiefgründiger. Die Lieder hatten einen Hauch von Weisheit, Wildheit und Poesie. Es war nicht die Art von Songs, die ich sonst schrieb. Es fühlte sich anders an. Fast so, als würde Johns Geist mitschreiben.

Noch heute, einige Jahre nach unserer ersten Begegnung, spiele ich Johns Gitarre. Sie hat einen besonderen Platz in meinem Herzen erhalten. Nicht nur als Instrument, sondern auch als Symbol der Verbindung zwischen mir und June.

Ich begann, June gelegentlich zu besuchen. Bei einer Tasse Tee sprechen wir über John, das Leben und wie uns die Musik durch alles hindurchträgt und begleitet.

Mit der Zeit wurde sie zu einem regelmässigen Gast an meinen Konzerten. Seit einiger Zeit sitzt sie stets in der ersten Reihe und klopft mit ihrem Stock den Takt leicht mit. Für mich ist ihr sanftes Lächeln jedes Mal eine Quelle der Inspiration.

Durch Johns Gitarre entstand eine unerwartete Freundschaft. Eine, die ich niemals erwartet hätte. Eine, die nicht mehr aus meinem Leben wegzudenken ist.

Jedes Mal, wenn ich Johns Gitarre zur Hand nehme, werde ich daran erinnert, dass Musik niemals nur aus Noten und ein paar Akkorden besteht.

Es geht um die Menschen, welche durch die Musik berührt werden, um Erinnerungen, um Liebe und um Verbindungen, die sie schafft.

Obwohl ich John nie persönlich kennengelernt habe, fühle ich, als würde ich ihn kennen. Durch seine Gitarre, durch June und durch die Lieder, die ich ihm zu Ehren spiele, lebt sein Geist weiter.

Here For You

1. Hello my Love are you doing ok?
   I can tell in your eyes you've had a bad day.
   Is the weight of the world too heavy on you?
   Tell me your troubles I'm here for you.

2. When hard times take you down I won't walk away
   I'll stand beside you come what may
   Rain or shine – I will be here for you
   I won't give less than it takes to help you through

Ch. Don't let the burden of life take you down.
   You're an angel of heaven sent to my town.
   Not everything looks dark and grey
   Tell me everything even if it's hard to say

Songwriter: Chris Regez & Michael Farris © 2024

Here For You

QR-Code zum Anhören von
«Here For You» auf Spotify

QR-Code zum Anhören der gesamten
Playlist von Chris Regez auf Spotify

Das moderne, weiss gestrichene Holzhaus, in welchem Annie und Levi wohnten, stand am Ende einer Sackgasse in einem Aussenquartier von Athens, Georgia, in den Südstaaten der USA. Sie hatten es vor zwei Jahren gekauft. Nur ein Jahr nach ihrer Hochzeit.

Das zweistöckige Haus stand auf einem Grundstück, auf dem sich auch ein paar Sträucher und ein Kirschbaum befanden. Nachdem vor einem Jahr Daniel, ihr Sohn, geboren wurde, hatten sie den Baum gepflanzt. Der Kirschbaum symbolisierte das Wachstum ihrer Familie. Jedes Mal, wenn Annie daran vorbeiging, stellte sie sich vor, wie Daniel eines Tages unter den blühenden Zweigen spielen würde.

Sie besassen zwei Autos: Levis silbernen Sedan und Annies blauen SUV, den sie liebevoll «Bluebell» nannte. Beide Fahrzeuge brachten sie zuverlässig von A nach B, doch Annie hatte sich immer ein etwas sportlicheres Modell gewünscht.

Das Wohnzimmer war das Herzstück des Hauses, mit einem weichen grauen Sofa, auf dem oft Decken lagen, und einem kleinen Couchtisch, der von Daniels Spielzeug umringt war. In einer Ecke stand ein Regal voller Bücher. Darin standen Levis Fachbücher und Annies Romane, die sie seit Monaten nicht mehr angerührt hatte.

Bei der Einrichtung wählten sie moderne Möbel mit klaren Linien, die trotzdem praktisch waren. Annie liebte ihr Haus, das Ruhe und Geborgenheit bot.

Doch trotz der Schönheit des Hauses lag eine belastende Ruhe in der Luft. Es war still im Haus, fast zu still. Nur Daniels Gemurmel drang ab und zu aus dem Kinderzimmer und bot einen Kontrast zu Annies gedämpfter Stimmung und der bedrückenden Schwere in den Räumen.

Annies Tag: Schwere Lasten

Der Tag begann wie so häufig viel zu früh für Annie. Sie hatte einmal mehr kaum geschlafen. Die Gedanken an ihren Jobverlust, die erfolglose Suche nach einer neuen Stelle, die unbezahlten Rechnungen und die wachsende Lücke in ihrem Selbstbewusstsein hielten sie fast die ganze Nacht lang wach. Deshalb wäre sie gerne noch etwas länger liegen geblieben. Als Daniel seine ersten Laute von sich gab, stand sie auf. Levi war wie immer schon früh zur Arbeit gefahren. Bevor er losfuhr, hatte er sie vorsichtig geküsst und Tschüss gesagt. Dies hatte sie im Halbschlaf vage mitbekommen.

Als Annie in Daniels Zimmer kam und das Licht anmachte, stand er bereits mit ausgestreckten Armen in seinem Kinderbett. Er hatte ein fröhliches Lachen auf seinem Gesicht. Sein blondes Haar stand in alle Richtungen und seine blauen Augen leuchteten wie das Meer.

«Mama!» Daniels Stimme, war klar und freudig. Seine Begrüssung war wie Balsam für ihr Herz und löste für ein paar Momente seltene Glücksgefühle in ihr aus.

Annie nahm ihn auf den Arm und drückte ihn fest an sich. Dabei atmete sie den Duft seines Pyjamas ein. Doch selbst in diesem Moment der Nähe zu ihrem Sohn schlich sich ein Hauch von Angst in ihr Herz ein. Sie fragte sich, ob sie Daniel alles bieten konnte, was er brauchte. Liebe, Geborgenheit, Sicherheit, eine unbeschwerte Kindheit und ein schönes Zuhause.

Unter den gegebenen finanziellen Umständen schien dies alles andere als sicher. Denn die steigenden Lebenshaltungskosten machten es für Familien in den USA gerade sehr schwierig, über die Runden zu kommen. Besonders dann, wenn von einem Tag auf den anderen nur noch ein Einkommen zur Verfügung stand.

Annie ging mit Daniel in die Küche, setzte ihn in seinen Hochstuhl und bereitete das Frühstück für ihn zu. Nachdem Daniel gegessen hatte, trank sie einen doppelten Espresso, um selbst ein bisschen wacher zu werden.

Ihre Kleidung war schlicht: bequeme Jeans und ein grauer Pullover, der schon leicht ausgewaschen war. Sie liebte ihn. Dieser Pullover war vor einigen Jahren ein Überraschungsgeschenk von Levi gewesen.

Aber heute Morgen fühlte sich sogar ihr Pulli schwer an, fast wie ein Symbol für die Last, die sie permanent verspürte und die sie lähmte.

Annie setzte sich mit ihrem Kaffee an den Küchentisch und öffnete ihren Laptop. Die Jobbörsen waren seit Monaten jeden Morgen ihre erste Anlaufstelle im Netz. Sie machte sich keine grossen Hoffnungen, etwas Passendes zu finden, und beim Blick auf den Bildschirm fühlte sich alles noch ein Stückchen trostloser an als sonst. Die meisten Stellenanzeigen erforderten Fähigkeiten, die sie nicht mitbrachte oder der Arbeitsplatz lag viel zu weit weg.

In ihren Gedanken wanderte Annie zurück zu ihrer Zeit bei der Bank. Früher war sie immer stolz auf ihren Job gewesen. Sie hatte es geliebt, mit Kunden zu arbeiten, Herausforderungen zu lösen und Menschen zu helfen. Das war ihre «Berufung» gewesen. Darin fühlte sie sich in ihrem Element.

Der Job bei der Bank schien lange Zeit sicher zu sein. Doch dann kam Corona, und als die Bank begann, noch intensiver auf digitale Lösungen zu setzen, wurde ihr klar, dass ihre Arbeit mehr und mehr an Wert verlor.

«Es ist nichts Persönliches gegen dich», hatte ihr Chef gesagt, als er ihr vor einem halben Jahr die Kündigung überreichte. Doch für Annie fühlte es sich sehr persönlich an.

Zehn Jahre lang hatte sie alles gegeben für ihre Bank. Sie hatte hart gearbeitet und sich dabei viele gute geschäftliche Beziehungen aufgebaut. Dabei hatte sie sich einen guten Ruf als kompetente Mitarbeiterin erarbeitet. Doch jetzt schien alles wertlos zu sein.

Nach einer weiteren Tasse Kaffee und weiterem Durchforsten der Online-Jobplattformen hatte sie genug. Wieder hatte sie nichts Passendes gefunden.

Als Daniel am Nachmittag seinen Mittagsschlaf machte, liess Annie ihren Blick einmal mehr über den Stapel unbezahlter Rechnungen schweifen. Sie spürte, wie der finanzielle Druck wuchs, und sie fühlte sich, als würde sie daran zerbrechen.

Es gab nur etwas Positives an ihrer Situation: Sie mussten Daniel nicht in eine Tagesstätte geben, während sie arbeiten ging. So hatte sie den ganzen Tag Zeit, um sich um ihren Sohn zu kümmern. Sie genoss die Zeit mit Daniel sehr.

Levis Tag: Erfolg und Verantwortung

Levis Tag in der Versicherung war ein einziger Marathon aus Meetings und Telefongesprächen. Als Verkaufsberater hatte er in den letzten fünf Jahren die Vorgaben der Geschäftsleitung stets übertroffen und sich dabei den Respekt seiner Vorgesetzten erarbeitet.

Doch heute gab es Neuigkeiten für Levi. Sein Vorgesetzter hatte ihn nach dem Lunch unerwartet in sein Büro gebeten. Leicht nervös nahm er am Besprechungstisch Platz. Sein Chef begann das Gespräch ohne Smalltalk und kam gleich auf den Punkt: «Wir sind sehr zufrieden mit dir. Ich habe gute Neuigkeiten für dich, nämlich die Beförderung zum Teamleiter.»

Ab dem nächsten Jahr würde Levi ein Team von fünfzehn Mitarbeitenden führen. Dies in Verbindung mit einer grosszügigen Gehaltserhöhung. Zudem werden ihm weitere Verantwortlichkeiten übertragen.

Levi freute sich sehr über die Beförderung, da er in den letzten Jahren viel Energie in den Job investiert hatte. Nicht zuletzt absolvierte er eine mehrjährige Weiterbildung. Am liebsten hätte er Annie sofort angerufen, doch er wollte ihr die guten Nachrichten persönlich mitteilen. Levi hoffte, dass die gute Nachricht die Stimmung seiner Frau verbessern würde.

Als Levi seinen silbernen Sedan in der Einfahrt zu ihrem Haus geparkt hatte, blieb er ein paar Momente im Auto sitzen, um tief durchzuatmen. Dann stieg er aus und ging ins Haus. Dort fand er Annie auf der Couch vor. Ihre Haltung und der traurige Ausdruck in ihrem Gesicht brachen ihm fast das Herz.

Daneben spielte Daniel mit seinen Bauklötzen auf dem Teppich. Sein unbeschwertes Lachen war ein krasser Kontrast zur Schwere, die im Raum schwebte – und die Levi spürte.

Levi nahm Daniel für ein paar Momente auf den Arm und gab dabei seiner Frau einen sanften Kuss. Dann setzte er sich neben sie und legte seine Hand vorsichtig auf ihre und sagte leise: «Ich kann es in deinen Augen sehen. Du hattest einen schweren Tag. Fühlt sich die Welt noch immer so schwer an für dich? Oder geht es dir heute besser?»

Annie atmete langsam ein und aus. Jeder Atemzug klang wie ein schwerer Seufzer. Levis Herz zog sich zusammen. Er rückte näher zu ihr, legte einen Arm um ihre Schultern und zog sie an sich. Annie legte ihren Kopf auf seine Schulter und schloss die Augen. Seine Nähe fühlte sich gut an. Es war genau das, was sie jetzt brauchte.

Dann sagte Levi: «Erzähl mir bitte von all deinen Sorgen. Ich bin hier, um sie mit dir zu teilen.»

Schliesslich hob sie ihren Kopf, blickte ihn an und sagte mit einer Stimme, die einem Flüstern gleichkam: «Du weisst schon ... die Sache mit meinem Job. Jetzt werden die Panikattacken immer schlimmer und lassen mich nicht mehr schlafen. Und am Tag folgen mir diese dunklen Gedanken auf Schritt und Tritt.»

Levi schwieg und drückte ihre Hand etwas fester. Dann brachen alle Dämme und ihre Worte flossen wie ein Strom: «Der Verlust meines Jobs, die Rechnungen, die sich stapeln, die Angst, dass wir unser Haus verlieren … es ist einfach zu viel. Alles ist meine Schuld. Wenn ich meinen Job noch hätte, wären wir nicht in dieser miesen Situation.»

Unter Tränen erzählte sie ihm einmal mehr, was die Abwärtsspirale auslöste. Alles begann mit den Veränderungen, denen sich die Bank zu stellen hatte.

Die Kundinnen und Kunden besuchten die Bank immer seltener und regelten ihre Bankgeschäfte praktisch nur noch von zu Hause aus am Laptop. Dies führte schliesslich dazu, dass ihre Stelle gestrichen wurde. Sie sprach von der Schuld, die sie empfand, weil sie finanziell nichts mehr zur Tilgung der Lebensunterhaltskosten beitragen konnte. Sie erwähnte die Angst, dass all ihre Träume zerbrechen könnten.

Unter Tränen sagte sie: «Im schlimmsten Fall müssen wir unser Haus aufgeben.» Nach ein paar Sekunden fügte sie hinzu: «Daniel braucht Sicherheit. Er verdient Stabilität, ein Zuhause. Und ich … ich habe das Gefühl, ihn und dich im Stich zu lassen.»

Levi hob die Hand und schob eine lose Haarsträhne hinter ihr Ohr. «Ich weiss. Aber Annie, hör mir zu», sagte er leise, aber mit Nachdruck. «Wenn uns schwere Zeiten das Leben vermiesen, stehe ich an deiner Seite, egal, was kommen mag. Regen oder Sonnenschein. Ich bin immer für dich da.»

Annie schüttelte den Kopf. «Aber was, wenn ich nicht stark genug bin? Was, wenn…»

Levi unterbrach sie und blickte sie mit einem sanften Lächeln an. «Dann bin ich stark genug für uns beide. Du musst niemals alles allein tragen, Annie. Wir sind ein Team. Du bist ein Engel, der mir vom Himmel geschickt wurde.»

Ein vorsichtiges Lächeln kam über ihre Lippen und sie sagte: «Du bist viel zu gut für mich. Ich habe dich nicht verdient.»

Levi lächelte und drückte ihre Hand nochmals. Jetzt etwas fester. «Nicht alles ist so düster, wie es scheint, denn ich habe gute Nachrichten», fügte er geheimnisvoll hinzu.

Annie schaute ihn fragend an und sagte: «Was, was ist es? Mach es bitte nicht so spannend.»

Levi sagte lächelnd: «Ich wurde heute befördert.»

Annie riss die Augen auf, und zum ersten Mal seit Wochen erkannte Levi einen Schimmer der Hoffnung in ihrem Blick. «Levi … wirklich? Weshalb hast du mir das nicht gleich gesagt?»

«Tut mir leid. Ich wollte es dir nicht am Telefon sagen, sondern persönlich. Ab nächstem Januar werde ich ein Team von fünfzehn Leuten leiten. Gleichzeitig wird mein Gehalt deutlich steigen. Dazu kommen noch ein paar weitere Vorteile, von denen ich als Mitglied des Kaders profitieren werde. Das alles wird uns helfen, die finanziellen Probleme hinter uns zu lassen. Bis dann dauert es zum Glück nicht mehr allzu lange.»

Annie fand für eine kurze Zeit keine Worte. Dann sage sie: «Das ist jetzt aber kein Scherz, oder?»

Er schüttelte den Kopf. «Nein. Es stimmt. Alles wird gut. Ich verspreche es dir.»

Es folgten einige Momente der Stille und der Erleichterung.

«Lass uns feiern», sagte Levi plötzlich. Seine Stimme durchbrach die Ruhe zuerst. «Lass uns deine Eltern anrufen und fragen, ob sie Daniel für den Abend nehmen können. Wir waren seit Monaten nicht mehr aus. Was meinst du?»

Annie zögerte. Ihr erster Instinkt war, aus Schuldgefühlen abzulehnen. Doch Levis warmer, ermutigender Blick gab ihr den Kick, den sie brauchte. «Okay», willigte sie leise ein. «Ich rufe sie an.»

Ein paar Augenblicke später waren Annies Eltern überglücklich, Daniel für den Abend – und sogar über Nacht – zu sich zu nehmen. Und sie freuten sich ebenfalls über die positiven Nachrichten.

Keine Stunde später verabschiedeten sich Annie und Levi mit Küssen und Umarmungen von Daniel, während ihn seine Grosseltern mit strahlenden Gesichtern übernahmen.

Das Steakhouse: Ein besonderer Ort

Das El Dorado Steakhouse mit seinen dunklen Holzvertäfelungen, weissen Wänden und dem Eichenparkettboden war ein Ort, den sie bestens kannten. An den Wänden hingen alte Schwarzweiss-Fotografien mit Wildwest-Sujets, die an längst vergangene Zeiten erinnerten.

Levi und Annie wurden an ihren Lieblingstisch am Fenster geführt, von dem aus sie die funkelnden Lichter der Stadt sehen konnten. Das Restaurant hatte eine besondere Bedeutung für sie. Hier hatten sie sich für ihre ersten Dates getroffen. Nach dem vierten Date hatte Levi Annie auf dem Parkplatz vor dem Steakhouse gesagt, dass er sich in sie verliebt hatte. Danach küssten sie sich das erste Mal.

Für diesen Abend hatte Annie ein schlichtes schwarzes Kleid und eine Perlenkette gewählt. Beides passte bestens zu ihr. Levi seinerseits trug ein weisses Hemd und schwarze Jeans.

Sie tauschten alte Erinnerungen aus und für einen Moment fühlte es sich an, als hätte es die Sorgen der letzten Monate nie gegeben. Sogar Annie brachte ab und zu ein Lächeln über die Lippen. Levi genoss es, sie endlich wieder gelöst und in besserer Stimmung zu sehen.

Sie bestellten beide Baby Back Ribs, Sweet Potatoes und Gemüse und zur Vorspeise einen House Salad mit Honey-Mustard-Salatsauce. Zur Feier des Tages bestellten sie eine Flasche Cabernet Sauvignon aus dem Napa Valley und stiessen damit auf ihre Liebe und auf eine bessere Zukunft an.

Eine unvergessliche Nacht

Als sie nach Hause kamen, nahm Levi seine Frau an der Hand und führte sie direkt nach oben ins Badezimmer. Das warme Wasser der Dusche wusch die Müdigkeit des Tages und die Sorgen endgültig von ihnen. Sie standen eng umschlungen unter den Wasserstrahlen, küssten sich und vergassen dabei die Welt um sie herum.

Im Schlafzimmer überraschte Annie ihren Mann mit einem sexy Dessous-Set aus roter Spitze, das sie schon länger nicht mehr getragen hatte.

Levi genoss ihren Anblick und seine Augen waren voller Bewunderung. «Du bist so wunderschön», flüsterte er und zog sie lächelnd in seine Arme.

Am nächsten Morgen, während die ersten Sonnenstrahlen das Schlafzimmer erfüllten, fühlten sie sich bereit, allen Herausforderungen des Lebens gemeinsam Paroli zu bieten. Egal, was kommen möge.

Noch hatte Annie keinen neuen Job in Aussicht. Aber die Sicherheit, dass Levi in seiner neuen Funktion als Teamleiter mehr verdienen würde, liess sie auf eine bessere Zukunft hoffen und es gelang Annie endlich, ihre Ängste zu vergessen.

Nur einige Tage später erhielt Annie einen Anruf einer ehemaligen Kundin. Sie machte ihr ein Jobangebot als Office-Managerin einer national tätigen Speditionsfirma und lud sie zu einem Vorstellungsgespräch ein. Die Zusage für den Job erhielt sie nur ein paar Tage später.

I Hate Parties

1. This invite I got was written for two
   But since my lovin' babe and I are through
   It looks like I'm gonna go alone
   Without you by my side
   But I sure hate parties without you

Ch. I sure hate parties without you
   Everyone has fun until the night is through
   I don't wanna be without you
   I only wanna dance with you

2. I'll go alone oh I certainly will
   I'll try to hide my pain with skill
   I don't know babe what I have done wrong
   But I'll try to get along
   But I sure hate parties without you

3. Well Honey I guess their only talk will be
   What happened to you and me
   Please woman gimme a clue
   Why you said we're through
   Well I sure hate parties without you

Songwriter: Chris Regez © 1989

I Hate Parties

QR-Code zum Anhören von
«I Hate Parties» auf Spotify

QR-Code zum Anhören der gesamten
Playlist von Chris Regez auf Spotify

Ben Harper und seine Frau Maggie hatten die Hochzeitseinladung von Dave und Emily bereits vor Monaten erhalten. Sie waren komplett überrascht, dass die Hochzeitsglocken bei ihren besten Freunden endlich läuten würden. Niemand hatte von ihren – bis dann geheimen – Heiratsplänen gewusst. Ohne zu zögern, hatten sie die Rückantwortkarte ausgefüllt und damit zugesichert, dass sie an der Party teilnehmen würden.

Damals hatten sie noch darüber gescherzt, was sie wohl anziehen würden und welche anderen Gäste wohl an der Party teilnehmen würden. Und sie hatten sich auf das gemeinsame Tanzen gefreut.

Doch das war vor dem Streit gewesen.

Ben und Maggie waren seit zwei Jahren verheiratet, und im Grossen und Ganzen dachte Ben, sie seien ein sehr glückliches Paar. Zumindest aus seiner Sicht.

Sicher, es gab gelegentlich kleinere Streitigkeiten, aber hatte die nicht jedes Paar?

Niemals hätte er sich vorstellen können, dass ihn Maggie verlassen würde. Aber nach ihrem letzten Streit, der viel heftiger war als jeder Streit zuvor, hatte sie ihre Taschen gepackt und die Tür hinter sich zugeknallt. Danach hatte sie kein Wort mehr gesagt, auch nicht, wohin sie ging. Sie hatte sich nicht ein einziges

Mal umgedreht. Ben folgte ihr bis zum Auto, aber sie liess nicht mehr mit sich reden.

Ben hatte versucht, sie anzurufen. Jeden Tag. Aber sie hatte keinen einzigen seiner Anrufe angenommen. Er hatte ihr WhatsApp-Nachrichten geschickt, doch auch darauf hatte sie nicht geantwortet. Kein einziges Mal. Ihr plötzliches «Ghosting» fühlte sich himmeltraurig an. Er wusste nicht, wo sie sich aufhielt. War sie gesund? War sie noch am Leben?

Die Ungewissheit war kaum auszuhalten. Je länger die Stille zwischen ihnen dauerte, desto mehr fürchtete er, dass er schon bald Post von einem Anwalt erhalten würde und dass ihre Ehe in einem unausgesprochenen Streit enden würde.

Er dachte immer wieder an die letzten Worte, die sie gesagt hatte, bevor sie das Haus verlassen hatte: «Ben, du hörst einfach nicht zu. Du hörst mir einfach nie zu.»

Diese Worte hallten immer wieder in seinem Kopf wider und verfolgten ihn auf eine Weise, die kaum zu ertragen war. Er verstand noch immer nicht, was schiefgelaufen war. Alles begann mit einer harmlosen Diskussion um Belanglosigkeiten und stilisierte sich zu einem hochexplosiven Streit hoch. Und dies mit fatalen Folgen.

Die Einladung lag noch immer auf der Küchenablage, stumm und doch wie eine Frage, die auf eine Antwort wartete. Das weisse edle Papier mit leichtem Gelbton, vergoldeten Rändern und der feierlichen Schrift war fast zu fröhlich: «Ihr seid eingeladen! Feiert den grossen Tag mit uns!» Ben nippte an seinem Kaffee, dessen Bitterkeit perfekt zu den Tränen passte, die er in den letzten Tagen immer wieder vergossen hatte.

Jetzt, zehn Tage nachdem Maggie gegangen war, stand Ben allein in der leeren Küche, starrte ein weiteres Mal auf die Einladung und fragte sich, was er tun sollte. Insgeheim hatte er die vage Hoffnung, dass sie vorher noch zu ihm zurückkehren würde.

Die Hochzeit stand morgen auf dem Programm. Sein bester Freund Dave würde Emily heiraten. Ben wusste, dass er auf keinen Fall fehlen durfte. Sein Nichterscheinen würde viele Fragen aufwerfen und er hatte keine Lust, die nächsten Wochen damit zu verbringen, Erklärungen abzugeben. Und seinen Freund wollte er durch sein Fernbleiben schon gar nicht enttäuschen.

Doch der Gedanke, allein hinzugehen, schnürte ihm die Kehle zu. Maggie war immer der Mittelpunkt jeder Feier gewesen. Ihr Lachen war stets ansteckend, ihr Lächeln immer hell wie ein Sonnenstrahl. Ohne sie fühlte Ben sich wie eine Lichterkette, bei der das Licht ausgefallen war: zwar vorhanden, aber dunkel.

Maggies Tage ohne Ben

Maggies Zeit, nachdem sie Ben verlassen hatte, war ein einziger Sturm der Gefühle. Zuerst war sie gefühlt stundenlang ziellos umhergefahren, ohne zu wissen, was sie als Nächstes tun sollte. Schliesslich war sie bei ihrer Schwester gelandet. Claire hatte sie ohne viele Fragen aufgenommen, ihr ein Zimmer angeboten und ihr die Zeit gegeben, die sie zum Nachdenken brauchte.

Gegen Abend versuchte Maggie unter Tränen, ihrer Schwester zu erzählen, was vorgefallen war. Der Streit mit Ben war heftig und hochemotional gewesen, doch sie konnte sich beim besten Willen nicht mehr erinnern, wie er begonnen hatte. Sie wusste nur noch, dass der Streit völlig aus dem Ruder gelaufen war, und dass beide Dinge gesagt hatten, die sie nicht so gemeint hatten. Und dann gab es keinen Weg mehr zurück.

Als Maggie gegangen war, fühlte sie sich so elend wie noch nie. Alles kam hoch. Der epochale Streit, die Wut und Enttäuschung und der ständige Druck, in ihrer Ehe immer alles zusammenhalten zu müssen. Es fiel ihr schwer, wieder Boden unter den Füssen zu finden und sie brauchte Zeit, um herauszufinden, was sie wirklich wollte und wie es mit Ben und ihr weitergehen sollte. Und ob es überhaupt eine gemeinsame

Zukunft für sie geben würde. Die Zeit ohne Ben gab ihr die Möglichkeit, frei zu atmen.

Ben nicht zu vermissen, war trotzdem beinahe unmöglich. Sie dachte ständig an ihn. Ob er ass, ob er sie vermisste, ob er bereute, was er gesagt hatte.

Doch jedes Mal, wenn ihr Smartphone vibrierte und sein Name auf dem Display erschien, erstarrte sie. Sie wusste nicht, was sie sagen sollte. Sie hatte Angst, dass ein Gespräch mit ihm ihre Entschlossenheit zunichtemachen könnte, von ihm vorerst Abstand zu halten. Oder dass wieder Worte fallen würden, die alles noch viel schlimmer machten.

Alle wichtigen Daten hatte sie in ihrem Smartphone gespeichert. Und die Hochzeit von Dave und Emily war ein besonders wichtiges Datum. Die Hochzeitseinladung war täglich präsent. Sie hatte oft darüber nachgedacht, ob sie hingehen sollte oder nicht. Doch selbst am Tag der Hochzeit konnte sie sich nicht entscheiden. Tausend Gedanken gingen ihr durch den Kopf. Was passiert, wenn sie Ben sieht? Würde sie es bereuen, ihn verlassen zu haben, oder würde sie erkennen, dass ihre Entscheidung, richtig war? Sie hatte Angst vor diesem Moment der Wahrheit. Je länger sie darüber nachdachte, umso mehr Fragen hatte sie. Sie hielt es kaum noch aus und war wie gelähmt.

Bei der Hochzeit

Die Fahrt zur Hochzeitsfeier war kurz, aber quälend. Die alte rote Scheune, die schon vor Jahren zu einer Eventlocation umgebaut worden war, erstrahlte im Schein von vielen bunten Lichterketten. Ben parkte seinen Truck, blieb einen Moment sitzen und holte tief Luft. Er hörte das leise Lachen der Gäste und Musik schwebte in der warmen Abendluft. Er war nicht bereit für eine Party, aber er durfte nicht fehlen.

Die Scheune war drinnen ebenfalls mit Lichterketten, mit farbigem Ambientelicht und mit vielen bunten Blumen geschmückt. Es war wunderschön, genau die Art von Stimmung, die Maggie geliebt hätte. Ben liess seinen Blick über die vielen festlich gekleideten Gäste schweifen. Seine Augen suchten nach Maggie, aber sie war nicht da. Er war erleichtert und enttäuscht zugleich. Offenbar ging sie einer Konfrontation mit ihm aus dem Weg.

«Ben!» Daves Stimme dröhnte durch den Raum. Der Bräutigam bahnte sich grinsend einen Weg zu ihm. «Mann, so schön, dass du da bist.» Ben versuchte zu lächeln und schüttelte seinem Freund die Hand. «Das Ereignis des Jahres hätte ich mir doch nicht entgehen lassen.»

Dave liess seinen Blick kaum sichtbar durch den Raum

wandern. «Wo ist Maggie? Sie ist doch nicht etwa krank, oder?»

Ben schluckte schwer. «Sie … sie konnte nicht kommen», sagte er knapp. Bevor Dave noch mehr fragen konnte, wechselte er schnell das Thema. «Herzliche Gratulation, mein Freund! Grosser Tag, was? Wie fühlt es sich an, endlich verheiratet zu sein?»

Dave lachte und ging glücklicherweise nicht weiter auf Maggie ein. Stattdessen klopfte er Ben auf die Schulter, reichte ihm ein Glas Weisswein und führte ihn zu einer Gruppe alter Freunde. Danach entschuldigte sich Dave, um andere Gäste zu begrüssen.

Ben bemerkte Emily, die in der Nähe der Live-Band stand. Die Braut sah in ihrem romantischen Spitzenhochzeitskleid umwerfend aus. Das Brautkleid war wie für sie gemacht. Der edle Stoff schmiegte sich perfekt an ihren Körper, und ihr Haar war in weichen Wellen gestylt. Der Schleier fiel elegant über ihren Rücken. Mit ihrem Lachen und ihrer Fröhlichkeit erhellte sie den ganzen Raum.

Als Emily Ben erkannte, beendete sie ihr Gespräch mit dem Bandleader und kam zu ihm herüber. Ben erkannte einen Ausdruck von Besorgnis in ihrem Gesicht, als sie auf ihn zukam. Bevor sie etwas gesagt hatte, wusste Ben, was sie sagen würde.

«Ben!», sagte sie herzlich, doch in ihrem Ton lag auch ein Hauch von Neugier. «Ich freue mich sehr, dass du gekommen bist. Aber … wo ist Maggie?»

Ben zögerte mit einer Antwort auf die Frage, die er am meisten gefürchtet hatte. «Sie konnte nicht kommen», sagte er leise und zwang sich zu einem kleinen Lächeln.

Emily neigte den Kopf, ihre Augen blickten ihn fragend an. «Ich hoffe, es ist alles in Ordnung», sagte sie sanft. «Ich hatte mich so sehr darauf gefreut, euch beide zu begrüssen und mit euch beiden zu feiern.»

Ben nickte schnell, verzweifelt bemüht, das Gespräch in andere Bahnen zu lenken. «Alles ist gut», log er. «Grosser Tag, oder? Du siehst fantastisch aus, Emily. Wirklich. Dave hat Glück gehabt, eine Frau wie dich gefunden zu haben.»

Emily musterte ihn einen Moment lang, von seiner Antwort nicht hundertprozentig überzeugt, aber sie hakte nicht weiter nach. Stattdessen lächelte sie und legte ihm kurz die Hand auf seinen Arm. «Danke, Ben. Es bedeutet mir viel, dass du hier bist. Wenn du etwas brauchst, lass es mich wissen, okay?»

Den Rest des Abends verbrachte Ben, so gut es ging, damit, möglichst wenige Gespräche zu führen, Fragen nach Maggie auszuweichen und neugierige und unangenehme Blicke abzuwehren.

Jedes Mal, wenn jemand fragte, wo sie sei, fühlte es sich an wie ein Stich in sein verwundetes Herz. Er hasste es, so zu tun, als ob alles in Ordnung sei. Und er hasste die Lügen, die er sich ausdenken musste.

«Maggie ist beschäftigt», erfand er. Oder: «Etwas ist dazwischengekommen.» Oder: «Eine längere Dienstreise.» Dann wechselte er jeweils schnell das Thema, wobei ihm die Unwahrheiten mehr und mehr zu schaffen machten.

Irgendwie gelang es Ben, sich in belanglose Smalltalks zu retten, idealerweise mit Leuten, die er nur vage kannte. Das Einfachste war, mit den anderen Gästen auf das Glück des Hochzeitspaares anzustossen. Doch je später der Abend wurde, desto schwerer lastete Maggies Abwesenheit auf ihm.

Er stand schliesslich am Rand der Tanzfläche, nippte an einem Tennessee Whiskey mit Eis und beobachtete die Paare, die zur Live-Musik tanzten. Der Anblick der glücklichen Menschen in Partystimmung schmerzte ihn und liess Erinnerungen an glückliche Zeiten mit Maggie aufkommen.

Unweigerlich stellte er sich vor, wie er mit Maggie

tanzen würde. Ihre Hand in seiner, ihren Kopf an seiner Schulter. Sie hatten es immer geliebt zu tanzen, auch wenn er nicht ein besonders guter Tänzer war. Maggie hatte früher immer gescherzt, dass er zwei linke Füsse habe, aber das war ihr egal gewesen. «Solange du mit mir tanzt», hatte sie gesagt, «bist du auf deine Art perfekt.»

Die Vorstellung, wie es mit ihr hier auf der Party wäre, war plötzlich zu viel für ihn. Er konnte kaum mehr atmen und brauchte dringend frische Luft. Er leerte seinen Whiskey und stellte das Glas etwas zu laut ab. Einige neugierige Blicke richteten sich auf ihn, aber er ignorierte sie und ging durch die Seitentür nach draussen. Dort klangen die Musik und das Lachen der Hochzeitsgäste gedämpft, fast wie aus einer anderen Welt. Der Nachthimmel war klar, und die Sterne funkelten wie Diamanten auf schwarzem Samt.

Ben lehnte sich an die imposante Scheunenwand und starrte in den Himmel. Der Schmerz in seiner Brust liess auch draussen nicht nach und die Stille verstärkte ihn nur noch mehr. Er blickte auf die Uhr. Es war noch lange nicht Zeit, nach Hause zu gehen. Der Abend war noch zu jung. «Was also machen», fragte er sich selbst.

Er zog sein Smartphone heraus und starrte auf Maggies Nummer. Sein Daumen schwebte über dem Anrufbutton, aber er drückte ihn nicht. Weshalb auch? Es wäre vermutlich so oder so sinnlos gewesen.

Er hatte schon so oft versucht, sie anzurufen. Und dies stets ohne Erfolg. Nicht ein einziges Mal hatte sie einen seiner Anrufe angenommen. Ganz zu schweigen von einem Rückruf. Wie standen wohl die Chancen, dass sich das gerade jetzt ändern würde? Aber irgendetwas in ihm – vielleicht Verzweiflung, vielleicht Hoffnung – brachte ihn dazu, es noch einmal zu versuchen. Ein letzter Versuch. Ihr Telefon begann zu klingeln.

Wie erwartet, sprang die Mailbox an. Ben seufzte und hinterliess dennoch eine Nachricht. «Hey, Maggie, ich bin's wieder. Ich bin auf der Hochzeit von Ben und Emily. Du weisst schon. Ich … ich weiss nicht, ob du das jemals hören wirst, aber ich vermisse dich. Ich wünschte so sehr, du wärst hier.»

Er legte enttäuscht auf und steckte das Smartphone zurück in die Tasche seines schwarzen Vestons. Jedes Mal wenn die Eingangstüre zur Scheune aufging, ärgerte er sich über die laute Musik und die vielen Stimmen.

Trotzdem ging er nochmals hinein und nahm sich einen weiteren Drink. Dann ging er wieder nach draussen, um den Nachthimmel zu beobachten und um möglichst alleine zu sein. Der Mond hing tief am Himmel und Ben hatte das Gefühl, der Mond lache ihn aus.

Dann sah Ben aus dem Augenwinkel Scheinwerfer. Ein Auto bog in den Parkplatz ein und die Reifen knirschten leise auf dem Kies. Sein Herz setzte einen Moment aus, als er die vertraute Form von Maggies Auto erkannte.

Er erstarrte und wagte es kaum, zu atmen, als das Auto zum Stillstand kam. Die Tür öffnete sich, und da war sie, Maggie. Ihr Haar schimmerte im sanften Mondlicht.

Ben zögerte nicht. Er fasste allen Mut zusammen und ging, ohne zu überlegen, auf sie zu, während sie die Autotür schloss. Als er vor ihr stand, hielt er für einen Augenblick inne, bevor er ihren Namen aussprach. «Maggie.»

«Hallo, Ben», sagte sie, ihre Stimme war weich, aber gefasst und kontrolliert. Ohne Emotionen.

«Du bist hier», sagte er, und versuchte immer noch, ihre überraschende Anwesenheit zu verarbeiten. «Wie …?»

Er erkannte ein verlegenes Lächeln in ihrem Gesicht.

«Für eine lange Zeit wusste ich nicht, ob ich kommen oder doch lieber fernbleiben sollte.»

Ben nickte und sagte: «Ging mir auch so. Trotzdem konnte ich der Hochzeitsparty nicht fernbleiben.» Dann fragte er leise: «Was hat dich doch noch dazu gebracht, zu kommen?»

«Ein Teil von mir wollte zur Hochzeitsparty kommen, um Dave und Emily nicht zu enttäuschen. Zudem wollte ich dich sehen, um mich daran zu erinnern, warum wir uns damals ineinander verliebt haben. Aber ein anderer Teil von mir hatte Angst. Angst, dir gegenüberzutreten, Angst, herauszufinden, ob ich einen Fehler gemacht habe, als ich gegangen bin – oder ob es das Richtige war, dich zu verlassen.»

Nach einer kurzen Pause fuhr sie fort: «Nach langem Zögern und 1000 Gedanken, habe ich meine Entscheidung heute Abend spontan getroffen. Etwas tief in mir drinnen sagte mir, dass ich mir die Hochzeitsparty doch nicht entgehen lassen darf. Ich habe meine kleine Tasche gepackt, bin ins Auto gestiegen und habe mich auf den Weg gemacht. Die Kilometer zogen sich endlos hin, während mein Kopf voller Gedanken war. Was würde ich sagen, wenn ich dich sehe? Und was, wenn du nicht mit mir reden willst?»

Nach einem weiteren Moment des Schweigens nahm

sie Bens Hand und hielt sie fest. «Ich war schon fast hier, als mein Smartphone vibrierte. Dein Name leuchtete auf dem Bildschirm auf, und mein Herz setzte einen Moment lang aus. Zuerst wollte ich deinen Anruf annehmen, aber dann tat ich es doch nicht. Und ich habe auch die Mailbox nicht abgehört. Deine Stimme zu hören, diese Emotionen und die Sehnsucht nach dir ... Das hätte mir sicher die Tränen in die Augen getrieben. Dein Anruf war trotzdem wichtig. Er war wie die Bestätigung, die ich brauchte, um weiterzufahren und um an die Hochzeitsparty zu kommen.»

Bens Brust zog sich zusammen. Die Gefühle waren zu viel für ihn. «Ich habe dich so sehr vermisst», sagte er mit belegter Stimme. «Ich wusste nicht, ob ich dich jemals wiedersehen würde.»

Maggie trat näher, ihre Augen suchten seine. «Ich habe dich auch vermisst, Ben. Deshalb bin ich hier. Ich musste nur ... nachdenken und schaffte es einfach nicht, dich zurückzurufen oder zurückzuschreiben. Dafür möchte ich mich entschuldigen.»

«Und jetzt?», fragte Ben vorsichtig.

Sie lächelte erneut, und streckte ihre Hand aus, um seine Wangen sanft zu berühren. «Jetzt will ich einfach nur bei dir sein und wir sollten uns so rasch als möglich versöhnen.»

Drinnen war die Musik langsamer geworden. Die Live-Band spielte ein perfektes Lied zum Tanzen. Ben hielt ihr die Hand hin. «Willst du mit mir tanzen?»

Maggie nickte, ihre Augen glänzten und eine Träne kullerte ihre Wange hinunter. «Noch so gerne.»

Während sie unter den funkelnden Lichtern der Scheune tanzten, fühlte Ben, wie die Last, die er mit sich herumgetragen hatte, endlich von ihm abfiel. Zum ersten Mal seit Tagen spürte er wieder Hoffnung. Er hielt Maggie fest, ihr Kopf ruhte auf seiner Schulter, und er flüsterte: «Ich hasse Partys ohne dich.»

Sie hob den Kopf, um ihn anzusehen. «Ich auch. Und ich will nur mit dir tanzen.»

Songs auf CDs veröffentlicht

Never without his guitar
(noch unveröffentlicht)

Here for you
Nur auf Streaming-Diensten verfügbar.

I hate parties
CDs «Headin' West» und «In The Cloud»
plus Streaming

Remember the time
CDs «Headin' West» und «In The Cloud»
plus Streaming

Chill out
CDs «Headin' West» und «In The Cloud»
plus Streaming

Someone to trust
CD «Headin' West», EP «Break Free»
plus Streaming

I loved you already
CD «In The Cloud»
plus Streaming

Remember The Time

1. Friday 5 o'clock I›ve done my work I'm goin› home
   But there's no one around my girl's gone
   Now I got the Friday blues
   I leave my place head for the bar
   and drink my pain away
   Stare at our picture of better days
   Your memory won't fade away

Ch. You remember the time we've spent
   Together in perfect harmony
   Oh baby say why did it end
   Please come back and stay here with me

2. Late at night I'm goin' home
   Try to clear my mind but I feel so cheap
   I lay down tryin' to fall asleep
   But I can't honey cause
   I still miss you so
   I'd like to talk to you but your line is busy
   Now all I'm gonna do tonight is dream of you

Songwriter: Chris Regez © 1989

Remember The Time

QR-Code zum Anhören von «Remember The Time» auf Spotify

QR-Code zum Anhören der gesamten Playlist von Chris Regez auf Spotify

Es war Freitag, Punkt fünf Uhr, und das Gefühl des nahenden Wochenendes lag in der Luft, als die vertraute Werksirene erklang und die Freiheit ankündigte. Normalerweise wäre Frank in guter Wochenendstimmung gewesen. Aber als er seine Karte in die Uhr steckte, um auszustempeln, fühlte er nichts davon. Seine hochwertigen Arbeitsschuhe mit Stahlkappe hallten durch die weite, leere Lagerhalle, während er sich auf den Weg zum Umkleideraum machte. Soeben hatte er den Kontrollgang abgeschlossen.

Frank arbeitete seit zwölf Jahren bei Dale & Sons Lumber Co. Unmittelbar nach Beendigung der Highschool trat er im Betrieb ein. Die Arbeit passte zu ihm und er verfügte über grosses handwerkliches Geschick. Seine Arbeitstage verbrachte er unter anderem damit, die moderne CNC-gesteuerte Sägemaschine zu bedienen und Bretter und Balken zuzuschneiden, die für den Bau von Holzhäusern bestimmt waren, die er nach deren Aufbau nie zu sehen bekam.

Es war ehrliche, harte Arbeit, die ihm zusagte. Der Geruch von frisch geschnittenem Holz, das gleichmässige Rattern der Maschinen und die Kameradschaft mit seinen Arbeitskollegen hatten ihn über all die Jahre bei Dale & Sons Lumber Co. gehalten.

Das Gehalt war nichts, womit er gross hätte prahlen können, aber es reichte aus, um die Rechnungen zu bezahlen. Und es war genug, um das Leben zu führen, das er sich mit Sarah erträumt hatte. So lange zumindest, bis dieser Traum in sich zusammenfiel.

Im Umkleideraum befand sich eine Dusche, welche die Arbeiter nutzen konnten. Frank genoss das warme Wasser und machte sich danach frisch. Dann zog er sich eine saubere Jeans, ein schwarzes T-Shirt und seine abgewetzte Lederjacke an. Seine Arbeitskleidung – das staubige Flanellhemd und die blauen Hosen – sowie seine Stahlkappenschuhe legte er ordentlich in seinen Spind. Sie waren ein Teil von ihm, ebenso wie seine rauen Hände.

Die Heimfahrt

Der Parkplatz war fast leer, als Frank in seinen schwarzen Pickup stieg. Es war ein alter Ford mit ein paar Dellen und Kratzern, die ihm, wie Frank fand, Charakter verliehen. Er startete den Motor, der brummend ansprang. Die Uhr am Armaturenbrett zeigte 17:12 Uhr.

Die halbstündige Heimfahrt war eine Strecke, die ihn durch ein paar kleine Ortschaften führte. Die Abendsonne tauchte alles in goldenes Licht. Frank kurbelte das Fenster herunter und liess den kühlen Fahrtwind auf sich wirken.

Als er das erste Kaff passierte, ein verschlafener Ort mit nur zwei Ampeln, fiel ihm auf, wie still alles war. Bei der einzigen Tankstelle im Ort stand nur ein Auto auf dem Platz, das von einer jungen Frau betankt wurde. Das Diner nebenan zeigte ein flackerndes «Open»-Schild und ein paar Kinder fuhren auf Fahrrädern den Gehweg entlang. Die Ampel sprang auf

Grün, als er sich näherte, so als wolle sie ihn nicht aufhalten.

Er fuhr an einer Reihe von Häusern vorbei, deren Rasen sauber geschnitten waren. Natürlich mit weissen Lattenzäunen davor, so wie es zum amerikanischen Bild passte. Eine Frau goss ihre Blumen und ein alter Mann sass winkend auf seiner Veranda, als Frank vorbeifuhr. Im zweiten Kaff war es genauso ruhig. Die zweispurige Hauptstrasse war von ein paar kleinen Geschäften gesäumt: ein Antiquitätenladen, eine kleine Autogarage und ein Friseur.

Die Fahrt hätte friedlich sein können, doch Franks Gedanken waren alles andere als ruhig. Jeder Kilometer brachte ihn näher an das leere Haus, das auf ihn wartete.

Ankommen

Franks Haus lag am Ende einer Schottereinfahrt, eingebettet zwischen zwei grossen Eichen. Es war ein bescheidenes einstöckiges Gebäude mit einer Veranda, die sich auf der Vorderseite befand. Darauf standen zwei weisse Schaukelstühle aus Holz. Der ebenfalls weisse Anstrich des Hauses blätterte an einigen Stellen ab, und die Dachrinnen hingen leicht durch. Dinge, die Frank früher sofort repariert hätte. Damals, als Sarah noch hier war.

Der Garten war einst Sarahs ganzer Stolz gewesen, und Frank hatte ihn ebenso liebgewonnen. Gemein-

sam hatten sie Rosen entlang des weissen Zauns gepflanzt, dazu Ringelblumen nahe der Veranda und
ein kleines Gemüsebeet im hinteren Teil des Gartens.
Frank hatte sich stets um die schweren Arbeiten ge-
kümmert. Er hatte den Boden umgegraben, die Rank-
gitter für die Blumen gebaut und ein Sprinklersystem
eingerichtet. Er hatte sogar ein Regenfass aufgestellt,
um die Pflanzen in Trockenzeiten optimal zu bewäs-
sern. Für Sarah hatte er eine Holzbank gebaut, die
unter den beiden Eichen im Schatten stand.

Drinnen war das Haus ebenso gepflegt gewesen.
Frank konnte dank seiner handwerklichen Fähigkeiten fast alles selbst reparieren. Er hatte die undich-
ten Rohre unter dem Spülbecken geflickt, den Boiler
entkalkt und Stromleitungen zu zusätzlichen Steck-
dosen gezogen. An den Wochenenden hatte er oft
an seinem Truck gearbeitet und zum Beispiel das Öl
gewechselt. Die Garage mit einer Werkbank und vielen Werkzeugen und Geräten war sein Reich.

Er liebte es, sich um ihr Zuhause zu kümmern, denn
es war nicht nur irgendein Haus. Es war ihre eigene
Immobilie. Das gemeinsam gekaufte Haus war ein
wichtiger Teil ihres Lebens.

Aber jetzt war der Garten überwuchert. Die Rosen
waren wild gewachsen und erstickten die Ringelblumen. Im Gemüsebeet wuchs das Unkraut wie wild
und das Regenfass war leer. Drinnen sammelte sich
Staub auf den Möbeln und Frank war mit diversen
Reparaturen im Rückstand, die er früher immer sofort

erledigt hätte. Ein Wasserhahn in der Küche tropfte, eine Lampe im Korridor war defekt und den Rasen hätte er auch schon längst wieder schneiden müssen. Aber er hatte keine Lust mehr dazu.

Seit Sarah gegangen war, hatte Frank das Interesse an allem verloren. Das Haus, der Garten und der Truck. Nichts mehr schien von Bedeutung zu sein. Früher war das alles sein ganzer Stolz. Aber jetzt? Jetzt machte ihn die Leere im Haus nur noch traurig. Er vermisste Sarah unendlich und die Einsamkeit setzte ihm zu.

Als er an diesem Freitagabend zu Hause ankam, war die Sonne beinahe schon untergegangen und der Himmel verfärbte sich zu einem tiefen Dunkelblau. Frank parkte seinen Truck in der Auffahrt und blieb für einige Momente mit leerem Blick im Auto sitzen. Früher hätte er sich während der ganzen Heimfahrt Musik der lokalen Country-Radio-Station angehört. Doch inzwischen blieb auch das Autoradio stumm.

Früher war er stolz gewesen, in diese Einfahrt zu fahren, weil er wusste, dass er ein Leben aufgebaut hatte, das ihn mit Freude erfüllte. Doch jetzt fühlte er eine unendliche Leere in sich.

Als er die Haustür endlich öffnete, empfing ihn die Leere wie eine Wand. Das Haus war einst von Lachen und Musik erfüllt. Doch jetzt war es nur noch gespenstisch still. Sarah hatte vor zwei Wochen, ohne Vorwarnung, ihre Sachen gepackt und ihn verlassen. Es war Frank noch nicht gelungen, diesen Schock zu verdauen und sich mit der Leere abzufinden, die sie hinterlassen hatte. Wie konnte er sich auch daran gewöhnen? Mit ihrem Verlust wollte und konnte er sich nicht abfinden.

In der Bar

Die Bar mit dem Namen «Rusty Rabbit» war praktisch noch leer, als Frank das Lokal betrat. Die wenigen Gäste sassen lose verteilt an der Bar. Frank nickte dem drahtigen Barkeeper zu. Rusty hatte Frank schon durch mehrere schwierige Abende begleitet und die beiden hatten inzwischen eine Art Vertrauensverhältnis aufgebaut.

«Das Übliche?», fragte Rusty und griff bereits nach der Whiskeyflasche, ohne unnötig lange auf Franks Antwort zu warten. Frank nickte kaum sichtbar und liess sich auf einen Barstuhl sinken. Der erste Schluck brannte, aber der zweite ging schon bedeutend leichter hinunter.

Frank zog seine Brieftasche aus der Jacke und holte ein Foto von Sarah hervor, das er immer darin aufbewahrte. Es stammte vom letzten Sommer. Sarah in einem orangen Sommerkleid, die Arme um ihn geschlungen, beide lächelten wie übermütige Teenager. «Bessere Zeiten», murmelte er kaum hörbar und strich mit dem Daumen über den Rand des Fotos. So als würde er ihr liebevoll über die Haare streichen.

Die Erinnerung an Sarah war wie ein dauerhafter, nicht enden wollender Schmerz. Ein ständiger Schmerz, dem er nicht ausweichen konnte, selbst wenn er wollte. Er erinnerte sich an die schwülen Sommerabende, die sie gemeinsam auf der Veranda verbracht hatten. Dabei sprachen sie über nichts und gleichzeitig über alles. Er sah sie vor sich, wie sie ihre Nase rümpfte, wenn ihr etwas nicht passte. Und er erinnerte sich an die frühen Morgenstunden, wenn sie sich in die Küche schlich, um ihm Kaffee zu machen, obwohl sie die schwarze Brühe hasste.

Er leerte sein Glas und starrte wie gebannt weiter auf das Bild. Ihr Lächeln empfand er plötzlich wie puren Spott und Hohn. Er legte das Bild missmutig auf den Tresen und gab Joe kaum sichtbar ein Zeichen für eine weitere Runde.

Der alte Schulkollege

Es war fast 20 Uhr, als Frank sich über das dritte Whiskeyglas beugte. Seit Franks Ankunft hatte sich die Bar gut gefüllt. Darunter waren ein paar weitere Stammgäste, deren Namen Frank nicht kannte. Die Jukebox spielte leise einen alten Country-Song von George Jones. Der Text des Liedes dreht sich um Liebeskummer, gebrochene Herzen und erinnerte Frank an seine eigene Geschichte. Er hätte gerne auf diesen Song verzichtet.

Frank nahm sein Smartphone heraus und starrte auf ein weiteres Foto von Sarah. Ihr Lächeln strahlte ihm entgegen, ihr Gesicht war vom Sommerlicht beleuchtet. Er strich mit seinem rechten Daumen über das Bild auf dem Bildschirm. Dabei zog sich seine Kehle zusammen und er fühlte einen neuen Stich in seiner Brust.

«Frank Williams?»

Die Stimme kam ihm irgendwie bekannt vor und Frank drehte sich um. Dabei erkannte er Josh, einen alten Freund aus der Highschool, der sich kurzerhand auf den Barstuhl rechts von ihm setzte.

Josh sah fast genauso aus wie früher. Breite Schultern, ein Dreitagebart und ein unbeschwertes Grinsen. Sie hatten sich seit der Schule aus den Augen verloren. Frank freute sich, seinen alten Schulkollegen zu sehen, auch wenn ihm nicht gross nach Reden zumute war. «Josh», sagte Frank und hob sein Glas zur Begrüssung. «Ist eine ganze Weile her.»

«Zu lange», erwiderte Josh. Er winkte Rusty für die Bestellung eines Drinks zu sich, bevor er sich wieder Frank zudrehte und das Gespräch begann: «Was machst du an diesem Freitagabend hier und schaust dabei aus wie sieben Tage Regenwetter?»

Frank zuckte mit den Schultern und deutete auf sein Whiskeyglas. «Trinken.»

Josh lachte leise, und sein Blick wurde fragend, als er das Foto auf dem Bartresen bemerkte. «Ist sie der Grund?», fragte er vorsichtig.

Frank zögerte. Dann nickte er. «Ja.»

Josh nahm einen Schluck. Nach einer kleinen Pause fragte er Frank: «Willst du mir erzählen, was passiert ist?»

Frank seufzte und lehnte sich zurück, starrte auf die Reihen von Flaschen im Regal hinter der Theke. Er verspürte keine Lust, sein Herz auszuschütten, aber Josh war immer ein guter Kerl gewesen. Sie hatten sich seit Jahren nicht mehr gesehen, und Frank vertraute ihm. Und vielleicht würde es ja helfen, mit jemandem über seine Gefühle zu reden, auch wenn er es bezweifelte. Bis jetzt hatte er mit niemandem über das Verschwinden von Sarah gesprochen. Nicht einmal die Arbeitskollegen wussten davon.

«Sarah und ich waren zehn Jahre zusammen», begann Frank mit leiser Stimme. «Vor ein paar Jahren haben wir beschlossen, zu heiraten. Wir dachten, die Ehe würde alles noch besser machen.»

Josh nickte, sagte aber nichts und liess Frank weiterreden.

«Eine Zeit lang war alles gut», sagte Frank. «Richtig gut. Aber es hielt nicht lange. Plötzlich sagte sie, dass sich alles immer gleich anfühlte. Als ob jeder Tag nur eine Wiederholung des letzten wäre. Eine langweilige Routine. Aufstehen, zur Arbeit gehen, nach Hause kommen, Abendessen, ins Bett gehen. Und dann kam der Abend, an dem sie mir mitteilte, sie könnte sich keine Zukunft mehr mit mir vorstellen. Jedenfalls keine, für die sie sich begeistern konnte.»

Josh runzelte die Stirn. «Das ist hart, Mann.»

Frank kippte den Rest seines Whiskeys hinunter und gab Rusty das Zeichen für einen weiteren. «Ja, und es wurde noch schlimmer. Es stellte sich heraus, dass sie sich auf einer dieser Dating-Apps, ich glaube, es war Tinder, angemeldet hatte. Sie lernte einen Typen kennen, der ihr die Welt versprochen hatte. Grossstadtleben, Urlaub am Waikiki Beach, bessere Chancen, es zu schaffen. Was auch immer das heissen sollte.»

Josh hob die Augenbrauen. «Verdammt.»

«Sie ist vor etwa zwei Wochen gegangen», sagte Frank. Seine Stimme brach und er räusperte sich. «Sie hat ihre Sachen gepackt, als ich bei der Arbeit war, und hat sich nicht einmal von mir verabschiedet. Als ich nach der Arbeit nach Hause kam, war das Haus leer und auf dem Tisch fand ich ihren Abschiedsbrief. Sie schrieb, sie brauche etwas Anderes, etwas Neues. Sie wiederholte in ihrem Brief, dass sie sich nicht vorstellen könne, mit mir an diesem Ort alt zu werden. Sie schrieb, sie wolle mehr als das.» Nach einer Pause fährt Frank fort: «Obwohl ich wusste, dass sie gehen würde, hat es mich umgehauen, als es soweit war und sie ging, ohne sich persönlich von mir zu verabschieden.»

Josh schüttelte den Kopf. «Das ist kalt.»

Frank zuckte mit den Schultern und Josh erkannte einen bitteren Ausdruck in Franks Augen. «Vielleicht hat sie recht. Vielleicht habe ich nicht genug getan, um die Dinge interessant zu halten. Ich weiss es nicht. Alles, was ich weiss, ist, dass sie weg ist und ich ... immer noch hier bin.»

Josh nahm einen weiteren Schluck von seinem zweiten Drink. Dann klopfte er Frank auf die Schulter. «Hör zu, Frank. Ich weiss, dass sich dies wie das Ende der Welt anfühlt, aber du darfst dich nicht unterkriegen lassen. OK, sie ist weg. Das ist hart, keine Frage. Aber du darfst nicht aufgeben. Du bist ein guter Typ und wirst das überstehen.»

Frank lachte trocken. «Ja, na ja, ich fühle mich in letzter Zeit alles andere als das. Viel mehr fühle ich mich wie ein absoluter Versager.»

Josh lehnte sich näher und senkte die Stimme. «Hör zu, ich weiss, dass du das nicht hören willst, aber vielleicht ist es an der Zeit, dass du dich wieder herauswagst. Versuch dein Glück auf einer dieser Dating-Apps. Schau, was sich auf dem Markt bewegt. Es muss ja nichts Ernstes sein, aber eine kleine Ablenkung könnte helfen, weiterzumachen.»

Frank schüttelte den Kopf. Mit angespannten Kiefermuskeln sagte er: «Ich bin noch nicht bereit dafür, Josh. Noch nicht. Und ich weiss auch nicht, ob ich jemals dazu bereit sein werde. Ich ...» Er brach ab und starrte in sein Glas.

«Du liebst sie noch», beendete Josh den Satz für ihn.

Frank nickte. «Ja. Und ich hoffe immer noch, so dumm es auch klingen mag, dass sie wieder zurückkommt. Vielleicht erkennt sie, dass wir es gemeinsam schaffen könnten.»

Josh widersprach nicht, aber Frank erkannte den Zweifel in seinen Augen.

«Ich verstehe das», sagte Josh nach einigen Momenten der Stille. «Aber warte nicht ewig, Frank. Das Leben ist zu kurz, um es mit Trauer zu vergeuden und unrealistischen Träumen nachzujagen.»

Frank antwortete nicht. Er starrte nur ein letztes Mal auf das Foto, bevor er es zurück in seine Brieftasche steckte. «Danke, Josh», sagte er schliesslich.

«Jederzeit», erwiderte Josh. «Und hey, wenn du jemanden zum Reden brauchst, weisst du, wo du mich findest.»

Frank nickte, obwohl er sich nicht sicher war, ob er Joshs Angebot annehmen würde. Als Josh ging, bestellte Frank noch einen letzten Drink. Die Bar hatte sich inzwischen fast geleert und auch er fühlte sich irgendwie leer an.

Wieder zu Hause

Es war fast Mitternacht, als Frank die Bar verliess. Er

hatte einen über den Durst getrunken, aber er war
nicht betrunken. Die kalte Luft schlug ihm ins Gesicht
und weckte ihn auf, doch in seinem Kopf pochte es.
Bumm, bumm, bumm.

Er ging vorsichtig zu seinem Truck und steckte sich ei-
nen Kaugummi mit Pfefferminzaroma in den Mund.
«Sicher ist sicher», sagte er leise zu sich. Die Fahrer-
kabine seines Pick-up-Trucks war still, abgesehen vom
Lärm der Gedanken, die durch seinen Kopf schossen.
Dann startete er den Motor und fuhr nach Hause.

Das Haus wartete auf ihn, dunkel, leer und still wie
immer. Er ging durch die Eingangstüre, die er vorsichtig hinter sich schloss. Dann schaltete er das Licht im
Wohnzimmer an und liess sich auf die Couch fallen.

In seinem Kopf drehte sich plötzlich alles. Er hatte zu
viel Whiskey intus und die Ratschläge von Josh gingen ihm durch den Kopf. Der Alkohol hatte seinen
Schmerz nicht gelindert. Ganz im Gegenteil: Er vermisste Sarah nur noch mehr als vor dem Barbesuch
und alles schien noch auswegloser zu sein.

Doch vielleicht hatte Josh trotzdem recht. Vielleicht
musste er weitermachen, auch wenn er im Moment
keine Motivation verspürte. Während er noch immer
auf seiner Ledercouch lag und an die Decke starrte,
dachte er weiter an Sarah und die Sehnsucht nach ihr
frass ihn beinahe auf. Gegen alle Vernunft hoffte er
immer noch, dass sie eines Tages zurückkommen würde.

Er griff nach seinem Telefon und für einen Moment wollte er es an die Wand schmettern. Doch dann unterliess er dies und sagte: «Siri, Sarah anrufen.»

Der Summton ertönte einmal. Zweimal. Dreimal. Dann hörte er die sonore Computerstimme mit der Nachricht, die er schon gefühlte Tausendmal gehört hatte: «Diese Nummer ist momentan nicht erreichbar.»

Frank fluchte und liess sein Smartphone auf den Holzboden fallen. Das Haus war still. Viel zu still. Frank war müde und ging ins Bad, um seine Zähne zu putzen. Als er schliesslich in seinem viel zu grossen und viel zu leeren Bett lag, wälzte er sich hin und her. Er schloss die Augen und versuchte, sich zum Schlafen zu zwingen, aber in seinem Kopf pochte es immer noch. An ein rasches Einschlafen war nicht zu denken.

Vor seinem inneren Auge sah er ihr Gesicht und wie ihr langes Haar über ihre Schultern fiel. Er hörte den Klang ihres Lachens, der in seinen Ohren widerhallte. «Sarah», flüsterte er in die Dunkelheit. Aber es kam keine Antwort. Als er schliesslich einschlief, war es ein unruhiger Schlaf. Es war wieder dieser Traum, der ihn verfolgte. Darin sah er Sarah, wie sie in einem Feld unter der warmen Sommersonne stand. Sie lächelte ihn an. Ihre grossen blauen Augen voller Wärme und Vertrauen. Sie streckte ihm die Hand entgegen, doch als er nähertrat, verschwamm das Bild und er wachte schweissgebadet auf. Der gleiche Traum mit dem gleichen Ende, wie schon so oft.

Samstag

Der Samstagmorgen kam viel zu schnell. Frank wachte mit einem brummenden Kopf und einer schweren Müdigkeit auf. Er setzte sich an den Bettrand und starrte auf den Boden. Oh, wie sehr er die einsamen Wochenenden ohne Sarah hasste. So machte das Wochenende keinen Spass, obwohl er es nach einer anstrengenden Woche verdient gehabt hätte.

Er hasste das Alleinsein. Frank griff nach seinem Telefon und scrollte durch seine WhatsApp-Nachrichten. Natürlich war über Nacht keine neue Nachricht von ihr hereingekommen. Wieso auch? Sie hatte ihm ganz offensichtlich nichts mehr mitzuteilen. Er spielte mit dem Gedanken, sie noch einmal anzurufen. Aber er liess es sein.

Stattdessen legte er das Smartphone zur Seite und ging in die Küche. Er blickte auf die Kaffeemaschine und für einen Moment dachte er daran, sich einen Kaffee zu gönnen. Aber auch das liess er sein.

Er griff nach seiner Jacke und trat nach draussen. Die Morgenluft fühlte sich frisch und klar an. Aber die Welt an sich wirkte für ihn gerade viel zu gross, viel zu leer und viel zu still. Er stieg in seinen Pick-up-Truck und fuhr los. Er wusste zwar nicht, wohin er fahren sollte, aber er wusste, dass er nicht zu Hause bleiben konnte.

Irgendwo da draussen war Sarah und lebte ihr Leben

weiter. Ihr neues Leben. Und vielleicht, aber nur vielleicht, würde er es eines Tages schaffen, sie zu vergessen und ohne sie weiterzuleben. Aber noch nicht heute. Er war noch nicht so weit.

Während Frank über eine einsame Landstrasse fuhr, ging ihm durch den Kopf, was er an Sarah liebte. Sie hatte eine Art zu lachen, die ihn alle Sorgen vergessen liess. Ihre Augen funkelten, wenn sie über die Dinge sprach, die ihr wichtig waren: ihr Garten, ein gutes Buch oder ihre Träume und Pläne.

Es waren viele kleine Dinge, die er an Sarah schätzte. Wie sie sich auf der Couch an ihn lehnte, ihren Kopf auf seiner Schulter, während sie TV schauten. Wie sich ihre Hände anfühlten, wenn sie ihre Finger durch sein Haar gleiten liess, oder wie sie ihn umarmte, wenn sie sich küssten. Wie sie in der Küche vor sich hin summte und sich zu einer Melodie bewegte.

Frank bewunderte ihre Hilfsbereitschaft. Sie zögerte nie, einem Nachbarn zu helfen oder zuzuhören, wenn jemand reden musste. Sie erinnerte sich an Geburtstage, bastelte Geschenke und hinterliess kleine Zettel in seiner Lunchbox, auf denen Dinge standen wie: «Du bist mein Liebling» oder «Ich kann es kaum erwarten, dich heute Abend zu sehen.» Dies waren nur einige der Zeichen ihrer Liebe gewesen.

Er sehnte sich nach ihrer Präsenz und der Art, wie sie einen leeren Raum mit Leben füllte. Frank vermisste ihre Küsse und die Wärme ihrer Lippen, die ihn alles andere vergessen liessen. Ihm fehlten ihre Berührungen und ihre Hand in seiner, während sie durch die Stadt schlenderten. Manchmal zeichnete sie Kreise auf seinem Rücken, wenn sie ihn umarmte.

Er vermisste, wie sie ihn anblickte und ihm dabei unbewusst signalisierte, dass er nicht bloss ein einfacher und unbedeutender Mann war, der in einem Sägewerk arbeitete, sondern dass er für sie etwas Besonderes war. Nämlich der Mann, den sie liebte.

Aber mehr als alles andere vermisste Frank die Liebe, die sie geteilt hatten. Die Zärtlichkeiten, die zwischen ihnen völlig natürlich schienen. Ihre Liebe fühlte sich für ihn solide und unerschütterlich an. So, als könnte sie allem standhalten. Sie hatte ihm immer gezeigt, dass er genug war für sie. Und dies, genau so, wie er war. Oder zumindest hatte er das gedacht.

Seit sie weg war, schlichen sich immer mehr Zweifel in Franks Gedanken. So wie ein langsamer, stechender Schmerz. Er stellte sich immer wieder dieselbe Frage: War meine Liebe doch nicht genug für sie? Wie konnte er sich nur so irren? Er dachte an das Leben, das sie zusammen aufgebaut hatten. An das Haus, den Garten, die gemeinsamen Abende, an denen sie redeten und vertraut beisammen sassen. All die gemeinsamen Jahre. Einfach weggewischt. So, als hätte es sie gar nie gegeben.

Er versuchte stets, ihr zu zeigen, dass sie ihm wichtig war. So wichtig, wie nichts anderes auf dieser Welt.

Doch jetzt fragte er sich, ob das vielleicht zu wenig war. Oder vielleicht hätte sie etwas ganz anderes von ihm erwartet?

Empfand sie seine Liebe als zu gewöhnlich und als zu langweilig? Vermisste sie Action und Abenteuer in ihrem gemeinsamen Leben?

Er haderte damit, dass er, trotz all seiner Liebe und Bemühungen, nicht in der Lage gewesen war, sie zum Bleiben zu bewegen.

Frank ballte die rechte Faust und haute damit auf das Lenkrad. Immer wieder fragte er sich, weshalb er es nicht geschafft hatte, sie in allen Belangen glücklich zu machen. Diese Frage zerriss ihn förmlich. Er hatte sie mit allem geliebt, was er hatte. Doch ganz offensichtlich reichte es nicht für ihre Ansprüche. Er fragte sich einmal mehr, was er noch hätte tun müssen, um Sarah zum Bleiben zu bewegen.

Ging es überhaupt um ihn, oder war es etwas in ihr, zum Beispiel ihre eigene Rastlosigkeit, die es ihm unmöglich machte, sie glücklich zu machen? Diese Fragen kreisten ebenfalls in seinem Kopf. Er konnte sie nicht beantworten.

Trotzdem konnte Frank nicht aufhören, Sarah zu vermissen. Und er hoffte weiter, dass sie eines Tages zu ihm zurückkehren würde, auch wenn es vermutlich reines Wunschdenken war. Fürs Erste kämpfte er weiter gegen den bleiernen

Weekend-Blues. Und das war aktuell sein grösstes Problem. Irgendwie musste er es schaffen, den Rest des Samstags und den Sonntag zu überleben.

Er sehnte sich nach dem Montagmorgen, wenn er wieder zur Arbeit fahren konnte, wo er sich auf seine Aufgaben konzentrieren und nicht die ganze Zeit an Sarah denken musste. Die Arbeit würde eine willkommene Ablenkung sein.

Doch noch war es nicht so weit. Es war immer noch Samstag. Bei einem Diner, dessen Interieur dem Look and Feel der 50er-Jahre nachempfunden war, stoppte er seinen Truck.

Drinnen setzte er sich auf einen Barstuhl und bestellte einen Caramel Sundae und einen Kaffee. Er beobachtete die hübsche Kellnerin, die ihm schon mehrmals ein Lächeln geschenkt hatte. Dabei erinnerte er sich an einen Ratschlag, den ihm Josh gestern Abend gegeben hatte.

Nach einem ersten Schluck Kaffee gab er sich einen innerlichen Schubser. Er nahm sein Smartphone aus der Tasche und lud eine Dating-App herunter. Die nächsten Minuten verbrachte er damit, sein Profil einzurichten. Josh hatte Recht, als er sagte: «Versuch dein Glück doch mal auf einer Dating-App und schau, was sich auf dem Markt bewegt. Es muss ja in einer ersten Phase nichts Ernstes sein, aber eine kleine Ablenkung könnte dir helfen, weiterzumachen.»

Radio-Sendung

Songwriter-Special mit Chris Regez
Monatlich auf Country Radio Switzerland

Chris Regez präsentiert im Songwriter-Special Songwriter aus Nashville, erzählt aus ihrem Leben und spielt ihre Hits. Die Sendung läuft jeden ersten Montag im Monat von 20.00–21.00 Uhr (Wiederholung immer am dritten Montag).

Mit seinem Know-how als PR-Spezialist sowie seiner Erfahrung als Country-Music-Sänger und Songwriter – u.a. durch eigene Songwriting-Sessions und CD-Produktionen in Nashville – sorgt er für spannende Einblicke in das Leben auserwählter Songwriter.

Die Sendung ist seit Sommer 2023 bei Country-Radio-Switzerland zu hören.

www.countryradio.ch

Chill out

1. I can't say I'll leave bad times behind
    And I'll keep my good ol' friends still im mind
    So I don't wanna be away for too long
    But tomorrow I'll be gone, I'll be gone

2. Wanna see another town, another place
    Meet new folks, see a new face
    Got tired of that same ol' regular life
    Hurry and worry all my life

Ch. Now I'll chill out whenever I want
    I'll go to sleep when the stars kiss the sky
    I'll grab my socks
    when the sun shines in my eyes
    I'll chill out whenever I want

3. Get my backpack on my grandpa's pick-up truck
    I'll tell them all good-bye cause I felt so stuck
    I'll see Moma weepin', standin', cryin' on my way
    Hopin' to see me comin' back someday

Songwriter: Chris Regez & Renato Guggiana © 1989

Chill out

QR-Code zum Anhören von
«Chill Out» auf Spotify

QR-Code zum Anhören der gesamten
Playlist von Chris Regez auf Spotify

Eli Dawson hatte schon immer gewusst, dass er eines Tages sein Elternhaus verlassen würde, um die Welt zu entdecken. Er konnte nicht genau sagen, wann dieses Gefühl das erste Mal in ihm aufflackerte, aber es war schon so lange da, wie er sich erinnern konnte.

Vielleicht lag es am Gefühl von Freiheit, das er verspürte, wenn er mit dem alten Chevy seines Grossvaters unterwegs war. Bei jeder Spritztour wäre er gerne noch viel weiter gefahren, als vorgesehen. Aber die Vernunft war bis jetzt immer stärker gewesen als sein Drang, etwas Verrücktes zu tun. Vielleicht lag es an den Filmen von Freiheit und Abenteuer, die in ihm den unbändigen Drang nach Freiheit weckten.

Doch heute Morgen war alles anders. Es war der Tag, an dem er endlich ging. Nicht bloss für eine kurze Fahrt, sondern richtig. Darauf hatte er lange warten müssen. Viel zu lange. Seit Jahren hatte er Geld zur Seite gelegt, um sein Elternhaus verlassen zu können.

Schon während der High School arbeitete er so viel wie möglich auf der Ranch seiner Eltern, um seinen Kontostand aufzubessern. Und er sparte mit einem klaren Ziel vor Augen.

In seinen Vorstellungen sollte dies nicht nur ein kurzer Roadtrip über das Wochenende werden, sondern ein Trip für eine unbestimmte Zeit.

Die Sonne ging auf, als Eli seinen Rucksack auf die Ladefläche des Pick-up-Trucks warf, den ihm sein Grossvater kürzlich geschenkt hatte. Er hatte ihm die Schlüssel mit den Worten überreicht: «Ich brauche ihn nicht mehr, aber du wirst damit viel Spass haben.»

Eli holte tief Luft und füllte seine Lungen mit dem vertrauten Duft von feuchter Erde und Morgentau. Er drehte sich zum Farmhaus und beobachtete seine Mutter, die bereits auf der Veranda stand und ihn mit Sorgenfalten auf der Stirn anschaute. Sie weinte nicht, noch nicht, aber sie war kurz davor.

Sein Vater war nicht zugegen, um ihm auf Wiedersehen zu sagen. Sie hatten kein gutes Verhältnis. Ihre Beziehung war noch schwieriger geworden, nachdem ihm Eli seine Entscheidung mitgeteilt hatte, nach dem Schulabschluss nicht mehr auf der Ranch zu arbeiten.

Eli konnte die Enttäuschung seines Vaters nicht verstehen, denn selbst seine Eltern hatten das harte Farmerleben satt. Aber sie waren zu stolz, es zuzugeben und sie waren nicht bereit, etwas daran zu ändern. Ganz im Gegensatz zu Eli.

Immerhin sprach seine Mutter noch mit ihm. «Gehst du wirklich, Eli?», fragte sie. Ihre Stimme nicht viel mehr als ein Flüstern. Diese Frage hatte sie ihm in den letzten Tagen mindestens einmal pro Tag gestellt und Eli gab ihr immer die gleiche Antwort.

Eli seufzte. «Ja, Mama. Ich muss. Ich bin jetzt 21 Jahre alt. Ich kann nicht mein ganzes Leben hier verbringen. Wir alle wissen insgeheim, dass die Ranch keine Zukunft hat. Ich will die Welt entdecken und möchte das Gras auf der anderen Seite des Hügels sehen, wie man so schön sagt. Zudem habt ihr treue Mitarbeiter, welche die Arbeiten perfekt ausführen.»

Seine Mutter presste die Lippen zusammen und versuchte, stark zu sein. Sie wollte etwas sagen, aber sie liess es sein. Sie wusste, dass sich ihr Sohn nicht von seinem Plan abbringen liess. Er war wie ihr Mann. Stur und manchmal bockig. Zwischen ihnen herrschte eine schwere Stille, die nur durch das Piepsen der Vögel unterbrochen wurde.

Dann betrat sein Grossvater die Veranda und zündete sich eine Zigarette an. Er atmete eine Rauchwolke aus und beobachtete Eli schweigend. Nach einer Weile sagte er zu seiner Tochter: «Dein Sohn muss seinen eigenen Weg finden. Es hat keinen Sinn, ihn festzuhalten, wenn er die Welt entdecken will.»

Elis Mutter warf ihrem Vater einen verärgerten Blick zu. «Ermutige ihn nicht noch zusätzlich, Daddy. Das ist jetzt wirklich sehr unpassend.»

Aber Elis Opa ignorierte seine Tochter und sagte zu seinem Enkel: «Sei vorsichtig. Dort draussen treiben sich viele komische Gestalten rum.»

Eli schluckte und umarmte zaghaft seine Mutter. «Ich liebe dich, Mama. Ich verspreche, dass ich wiederkomme. Nur weiss ich nicht, wann dieser Tag sein wird.»

Seine Mutter klammerte sich einen Moment an ihn, bevor sie ihn losliess, ihn anblickte und mit gefühlvoller Stimme sagte: «Pass auf, aber vergiss uns nicht und sei vorsichtig.»

Eli umarmte auch seinen Grossvater, der ihm danach in die Augen schaute und sagte: «Ich wünschte, ich könnte mitkommen.»

Mit einem letzten Blick auf das Haus in dem er aufgewachsen war, kletterte Eli in den Pick-up-Truck und drehte den Schlüssel. Der Motor erwachte zum Leben, und als er losfuhr, beobachtete er seine Mutter im Rückspiegel. Sie stand auf der Veranda, die Hand vor dem Mund. Vermutlich vergoss sie jetzt ein paar Tränen, die sie lange zurückgehalten hatte.

Eli umklammerte das Lenkrad fester und spürte dabei, wie sich die Aufregung langsam legte, denn er wusste, dass seine Reise jetzt wirklich begonnen hatte. Endlich konnte er seinen Traum umsetzen.

Eli fuhr im erlaubten Tempo aus der Stadt und schon bald befand er sich auf der Landstrasse nach Westen. Die Strasse bot ihm einen Strauss von Möglichkeiten. Er wusste, dass jede Richtung neue Abenteuer für ihn bereithielt, egal ob er nach Norden, Süden, Osten oder nach Westen fahren würde.

Der Wind wehte durch das offene Fenster auf der Fahrerseite und Eli fühlte sich so frei wie noch nie. Es war das Gefühl, von dem er schon so lange geträumt hatte. Kein Aufwachen mehr, lange vor Tagesanbruch, um in Gedanken nach Lösungen für die Ranch und die Tiere zu suchen, keine schweisstreibenden Arbeiten mehr auf dem Feld und in der prallen Sonne. Und vor allem kein Gefühl mehr, als würde er ein fremdbestimmtes Leben führen, das er nicht wollte.

Der erste Halt war in einer Kleinstadt namens Green Hill, Arkansas. Das war ein Kaff, das so klein war, dass man es leicht hätte übersehen können. Es gab nur zwei Tankstellen, eine Bar und ein Restaurant namens «Betty's Cafe». Sein Magen knurrte, als er auf den Kiesplatz fuhr und aus dem Pick-up stieg.

Drinnen roch es nach frischem Kaffee, Eiern und Speck. Die schlanke Frau hinter der Theke, nicht älter als er, blickte auf, während sie einen Tisch abwischte. Sie hatte dunkles Haar, das zu einem perfekten Pferdeschwanz zusammengebunden war. Sie musterte den Fremden aufmerksam, als Eli auf einem der Hocker an der Bar Platz nahm.

«Bist du auf der Durchreise?», fragte sie.

Eli antwortete freundlich. «So etwas in der Art.»

Sie grinste. «Lass mich raten. Du bist einer dieser Männer, die durch die Welt gehen, um nach der grossen Freiheit zu suchen?»

Er blickte ihr in die Augen und sagte: «Ich bin nicht auf der Flucht und bis jetzt hatte ich eine gute Zeit zu Hause. Ich denke gerne an meine Familie und Freunde. Aber jetzt ist die Zeit gekommen, um neue Leute und neue Städte kennenzulernen. Ich hatte das alte Leben mit immer demselben Trott satt. Jetzt will ich mein Leben selber bestimmen. Erst dann zu Bett gehen, wenn ich wirklich müde bin und erst dann aufstehen, wenn ich Lust dazu habe.»

Sie schenkte ihm ein Glas Wasser ein und fragte, ob er frühstücken wolle. Er bestellte Rühreier, Speck, Hash Browns, eine Tasse Kaffee und dazu einen Organgensaft. Eli beobachtete, wie sie seinen Kaffee bereit machte.

Für einen Moment fragte er sich, ob er vielleicht eine Weile in dieser Stadt bleiben sollte. Sunny, so ihr

Name, hatte er auf ihrem Namensschild gelesen, trug keinen Ring. Aber dann erinnerte er sich an den wahren Grund, warum er aufgebrochen war. In seinem Plan war nicht vorgesehen, schon am ersten Tag wegen einem Girl in einer Kleinstadt im Nirgendwo hängen zu bleiben, obwohl er das Lächeln der hübschen Kellnerin als überaus sympathisch empfand.

Beim Bezahlen gab er ihr ein schönes Trinkgeld und sie wünsche ihm viel Glück auf seiner Reise. Die Kassenquittung, auf die sie von Hand «Have fun, Sunny» geschrieben hatte, steckte er vorsichtig in die Lederhülle seines Smartphones. Er wollte sie als Souvenir behalten. Dann stand er auf und ging zur Tür hinaus.

Eli fuhr weiter nach Westen, von einer Stadt zur anderen. Unterwegs kaufte er sich Esswaren, um am Abend vor seinem Zelt zu grillieren. Er suchte sich einen schönen Campground und übernachtete ein erstes Mal in seinem Zelt.

Nach den ersten zwei Wochen nahm er kleinere Gelegenheitsjobs an, um unter die Leute zu kommen und um etwas Geld zu verdienen.

In Flagstaff arbeitete er auf einer Guestranch und ritt mit den Touristen durch die Gegend. In Albuquerque lernte er einen Musiker namens Jack kennen, der ihn überredete, eine Weile zu bleiben. Jack gab ihm eine alte Gitarre und die beiden absolvierten in lokalen Bars einige kleinere Auftritte. Eli hatte schon immer Gitarre gespielt und kannte die meisten Songs, welche das Publikum in einer Bar wie dieser hören wollte. Es waren Oldies zum Mitsingen.

Einige Wochen später überquerte er die Staatsgrenze nach Arizona und besuchte den Grand Canyon. Er schlief unter einem unglaublich klaren Sternenhimmel und liess sich nach der Weiterfahrt nach Utah von einem Indianer das Monument Valley in seiner ganzen Schönheit zeigen.

Im Nirgendwo traf er auf eine Gruppe von Menschen, die das normale Leben aufgegeben hatten, um auszusteigen und um die Welt zu erkunden. Sie hiessen ihn in ihrem Lager willkommen, tauschten am Feuer Geschichten aus und tranken dazu Whiskey.

«Was ist deine Geschichte, Eli?», fragte einer von ihnen. Eli zögerte mit der Antwort. «Ich fahre von einer Stadt zur anderen, um meinen Horizont zu erweitern.»

Die Zuhörer nickten, als hätten sie ihn verstanden.

Doch je länger er unterwegs war, desto klarer wurde ihm, dass ihm trotz aller Schönheit und Freiheit etwas fehlte.

Es war ein kühler Abend, als Eli auf der Heckklappe seines Pick-ups sass und zusah, wie der Wüstenhimmel orange und lila leuchtete.

Er holte sein Smartphone heraus und wählte die Nummer seiner Mutter. Seit er weggegangen war, hatte er nur ein paar Mal mit ihr gesprochen. Es klingelte zweimal, bevor seine Mama antwortete. «Eli?»

Seine Kehle schnürte sich zu. «Hey, Mama.»

Sie atmete zitternd aus. «Herr, Junge, ich dachte, du hättest uns vergessen.»

«Niemals», sagte er leise. «Ich … ich musste einfach sehen, was da draussen abgeht.»

Eine Pause. Dann leiser: «Und hast du?»

Er blickte zum Horizont hinaus. «Ja. Das habe ich getan.»

«Kommst du nach Hause?» fragte sie mit schwacher Hoffnung in ihrer Stimme.

Er zögerte, dann lächelte er. «Ja, Mama. Das werde ich. Bald.»

DEINE NOIZEN

Someone to trust

1. I settled down in Pittsburgh some blue moons ago
   Got a job in a factory and a room downtown
   I've met a sweet girl and now she's my wife
   We have two kids they're the lights of our life

Ch. I'm so glad that I've got you
   My lady who keeps me warm at night
   Someone who shares luck and worries too
   Someone to trust when nothing's goin' right

2. I know Tim and Becky need new shoes in the fall
   But we have no money cause the bank wants it all
   My best friend lost his job today
   And maybe I'm gonna lose mine too as they say

Br. I've got someone I've got someone to trust
   I've got someone I've got someone to trust

3. I don't know how to make a better life
   How to make a better life for my kids and my wife
   But I still believe there must be a way
   To survive in this land therefore I'm gonna pray

Songwriter: Chris Regez © 1989

Someone to trust

QR-Code zum Anhören von
«Someone To Trust» auf Spotify

QR-Code zum Anhören der gesamten
Playlist von Chris Regez auf Spotify

Vor vierzehn Jahren stieg Henry Walker aus einem Greyhound-Bus in Pittsburgh, mit nichts als einem abgewetzten Koffer und voller Hoffnung im Herzen. Er war noch jung. Gerade mal 24 Jahre alt.

Die Stadt mit ihren Wolkenkratzern und den breiten Strassen und den grossen Fabriken war riesig. Doch der junge Mann sah überall Chancen und Möglichkeiten. Schon am zweiten Tag fand er im Riverview-Stahlwerk einen Job und er mietete sich in einer ersten Phase ein bescheidenes Zimmer in einem alten Mehrfamilienhaus in der Nähe seines neuen Arbeitsortes. Nach und nach gewöhnte er sich an die harten Schichten in der Fabrik. In der ersten Zeit war er am Abend oft hundemüde, bis sich sein Körper an die harte Arbeit gewöhnt hatte.

Nach etwa zehn Tagen war er körperlich bereit, die Grossstadt nach Arbeitsschluss zu erkunden. An einem Dienstag, daran erinnert er sich noch heute, betrat er nach Arbeitsschluss ein kleines Diner an der Ecke der Fabrikstrasse. Der Lärm der Maschinen hallte noch in seinen Ohren und seine Schultern waren noch etwas schwer nach der langen Schicht. Seine Hände waren rau von der Arbeit und er sehnte sich nach einem warmen Abendessen.

Candy, etwa 22 Jahre alt, mit blonden Haaren und wachen, blauen Augen stellte ihm eine dampfende

Tasse Kaffee hin, noch bevor er bestellt hatte. Schnell bemerkte Henry ihre aufmerksame Art, ihr Lächeln und ihre Hilfsbereitschaft.

«Du siehst aus, als könntest du einen starken Kaffee gebrauchen», sagte sie mit einem sanften Lächeln, als sie seinen fragenden Blick sah.

Henry lächelte, bedankte sich und begegnete ihrem Blick. Dabei bemerkte er, dass etwas an ihr anders war, als bei anderen Frauen. Es war die Art, wie sie ihn ansah. So, als wäre er mehr als einer dieser müden Arbeiter. Er umklammerte die Tasse und spürte die wohlige Wärme in seinen Händen. Er bestellte einen Haussalat mit Ranch Dressing, einen Cheeseburger mit Pommes, dazu viel Ketchup und einen hausgemachten Ice Tea.

Candy kam ein paarmal an seinen Tisch, schenkte ihm Ice Tea nach und fragte beiläufig nach seinem Namen, woher er kam, wie ihm die Stadt und die Arbeit gefielen.

Henry war nicht der Mann der grossen Worte, aber es fiel ihm unerwartet leicht, ihre Fragen zu beantworten und mit ihr zu sprechen. Sie lachte über seine trockenen Bemerkungen, und er bemerkte ihr Lächeln. Sympathisch, herzlich, echt und auch ein wenig verschmitzt.

Das Essen bei Candy wiederholte er regelmässig. Sicher ein- bis zweimal pro Woche. Zumindest dann, wenn er wusste, dass sie da war. Er setzte sich jeweils an denselben Platz, und Candy erzählte ihm von ihrer Kindheit in einer kleinen Stadt in Ohio. Sie verriet ihm ihren Traum, Krankenschwester zu werden, und was sie nach Pittsburgh geführt hatte.

Henry hörte ihr aufmerksam zu, als sie von ihren Träumen und Möglichkeiten in einer Grossstadt wie Pittsburgh erzählte.

Eines Abends, als das Diner sich leerte, nahm Henry allen Mut zusammen und fragte: «Hast du nach der Schicht Lust, ein Stück mit mir spazieren zu gehen?»

Candy sah ihn überrascht an, dann huschte ein Lächeln über ihr Gesicht. «Ja, sehr gerne.»

Sie gingen durch die dunklen Strassen und Henry fühlte sich das erste Mal seit seiner Ankunft in Pittsburgh nicht alleine. Während sie durch die Strassen gingen, hörte der Regen auf und sie sprachen über unzählige Themen. Sie lachten, teilten Träume und Sorgen. Und als sie sich verabschiedeten, wusste Henry, dass er sich verliebt hatte.

Candy hatte sein Leben mit Licht, Herzlichkeit und mit Lachen erfüllt. Und zudem mit dem Gefühl, dass er jemandem etwas bedeutete. Und Candy? Sie liebte, dass Henry ehrlich und bodenständig war. Er war ein junger Mann, der mit beiden Füssen auf dem Boden stand, der nicht viele Worte machte, aber wenn er sprach, dann von Herzen.

Es dauerte nicht lange, bis aus den gemeinsamen Spaziergängen nach der Arbeit mehr wurde. Aus Verliebtheit wurde Liebe. Getragen von Vertrauen, Nähe und Geborgenheit. Als sie nach einem Jahr heirateten, wusste Henry, dass er niemals etwas Wertvolleres gefunden hatte als Candy.

Dank seinem unermüdlichen Einsatz in der Fabrik wurde Henry schon bald eine Beförderung angeboten. Er nahm sie gerne an, denn sie bedeutete ein besseres Einkommen und als Vorarbeiter musste er nicht mehr zuvorderst an der lauten Maschine arbeiten. Im Laufe der Zeit erhielt er weitere wichtige Aufgaben.

Doch Pittsburgh veränderte sich im Laufe der Jahre. Fabriken schlossen, und Gerüchte über Entlassungen zogen auch durch das Stahlwerk, in welchem Henry seine Brötchen verdiente. Henry versuchte, die Gerüchte zu ignorieren und alle Sorgen beiseitezuschieben. Doch es gelang ihm nicht so leicht.

Henry musste eine Familie versorgen. Inzwischen umfasste die Familie von Henry und Candy zwei Kinder:

Tim und Becky. Henry wusste, dass Angst ein schlechter Ratgeber war. Er entschied, Candy und den Kindern vorerst nichts von den Problemen der Firma zu erzählen, um sie nicht zu beunruhigen.

Jeden Morgen betrat er das Riverview-Stahlwerk mit einer Mischung aus Dankbarkeit und wachsendem Unbehagen. Die Maschinen dröhnten, Funken stoben durch die Luft und Henry nahm eine wachsende Unsicherheit in der Belegschaft wahr. Die Kollegen sprachen hinter vorgehaltener Hand über sinkende Aufträge, über Einsparungen und über nervöse Vorgesetzte. Und natürlich wurde auch über einen möglichen Personalabbau spekuliert.

Eines Tages war es so weit. Der Werksleiter, Mr. Ellison, versammelte die Arbeiter in der grossen Fertigungshalle. Sein Gesicht war blass und seine Stimme zitterte, als er sich an die Arbeiter wandte: «Ich werde es nicht schönreden.» Bevor er weitersprach, wischte er sich den Schweiss von der Stirn. «Die Firma steckt in Schwierigkeiten. In grossen Schwierigkeiten sogar. Wir müssen dreissig Stellen streichen. Und zwar sofort.»

Im Raum wurde es still. Nur das leise Summen der Maschinen war zu hören. Henrys Brust zog sich zusammen. Er hörte kaum, wie die Namen verlesen wurden. Sein Herz schlug zu laut. Sein Name war nicht dabei.

Noch nicht. Aber der Name von Jeff schon. Jeff, sein bester Freund, stand regungslos da, als sein Name fiel. Er seufzte, schüttelte den Kopf und sagte: «Und dies nach 15 Jahren Firmentreue.» Henry legte ihm eine Hand auf die Schulter, aber was sollte er auch sagen? Beide wussten, dass auch Henrys Name bald auf dieser Liste stehen könnte.

Am Abend kam Henry nach Hause und fand Candy am Küchentisch, umgeben von einigen unbezahlten Rechnungen. Sie fuhr sich mit der Hand durchs dunkle Haar und seufzte. «Tim und Becky brauchen neue Schuhe und Jeans», sagte sie leise.

Henry stellte seine leere Lunchbox auf die Theke und lehnte sich gegen den Kühlschrank. «Ich weiss», murmelte er und rieb sich seine müden Augen. Die Last der Verantwortung drückte inzwischen immer schwerer auf ihn. Er war ein Mann, der stolz darauf war, seine Familie zu ernähren. Doch jetzt? Jetzt fühlte es sich an, als würde der Boden unter seinen Füssen nachgeben. Noch hatten sie Geld auf dem Konto und er seinen Job, aber für wie lange noch?

Noch am selben Abend erzählte er seiner Frau, was sich in der Fabrik zugetragen hatte. Sie reagierte so, wie er es erwartet hatte: schockiert. Die Aussicht, dass auch Henry seine Arbeit verlieren könnte, machte Candy nervös.

In den folgenden Wochen wuchs die Anspannung zwischen ihm und Candy. Nicht, weil sie sich stritten, sondern weil die Angst immer mit ihnen am Tisch sass. Die Nächte verbrachte Henry wach, starrte an die Decke und fragte sich, was sie tun würden, wenn er seinen Job tatsächlich verlieren würde. Candy hielt sich tapfer und es gelang ihnen, die Situation an Henrys Arbeitsplatz vor den Kindern zu verbergen.

Aber Henry sah je länger je mehr die Sorgen in ihren Augen. Eines Abends fand er Candy weinend im Badezimmer. Er kniete sich neben sie und ergriff ihre Hände. «Wir schaffen das, egal, was passiert», flüsterte er. Auch wenn er es selbst kaum glauben konnte.

Sie nickte und Tränen kullerten über ihre Wangen. «Ich weiss nur nicht, was wir tun sollen, wenn du deinen Job tatsächlich verlierst.»

Henry versuchte, sie zu trösten: «Noch ist es nicht so weit. Vorerst haben wir noch einen Arbeitsvorrat, aber auf tiefem Niveau.»

Doch die Welle der Kündigungen ging unerbittlich weiter. Jede Woche wurden ein paar Kollegen entlassen und die Produktionshallen wurden leerer und stiller. Schliesslich kam der Tag, an dem auch Henry die Kündigung erhielt. Er stand im Pausenraum, als ihn sein Vorgesetzter in sein Büro bat, um ihm die unheilvolle Nachricht zu überbringen. Für einen Moment lang starrte er einfach nur an die Wand. Dann räumte er seinen Arbeitsplatz, gab seinen Badge ab und verliess das Firmengebäude. Unendlich enttäuscht und voller Bitterkeit. Es war ein regnerischer Nachmittag in Pittsburgh.

Als er nach Hause kam, wusste Candy sofort Bescheid. Sie stellte keine Fragen und sie weinte nicht. Sie nahm ihn einfach in die Arme. In diesem Moment wusste Henry: Egal, was passieren würde, sie hatten einander. Sie würden für einander da sein. Egal, was passieren würde. So, wie sie es sich vor Jahren versprochen hatten.

Die folgenden Monate waren voller Fragen und voller Unsicherheit. Sie gingen durch viele Ups und Downs. Henry nahm in dieser Zeit jede Art von Arbeit an. In Autogaragen, auf Baustellen, in Sicherheitsfirmen. Er nahm alles an, was Geld einbrachte.

Candy übernahm zusätzliche Schichten im Diner. Oft kam sie erschöpft nach Hause. Aber immer fest entschlossen, die neue Situation zu meistern. Jeder Cent wurde umgedreht, jede Ausgabe geprüft. Es war nicht einfach, denn die Kinder benötigten Kleider, Schuhe und Schulmaterial. Nur schon diese Ausgaben machten sich stark bemerkbar. Dazu kam die Hypothek, die schon wieder fällig war.

Henry lag nachts oft wach und fragte sich, ob sie das Haus verlieren würden und ob er je wieder eine feste Arbeit finden würde. Doch dann dachte er an Candy, Tim und Becky und er wusste, dass er nicht aufgeben durfte.

Eines Abends, als sie auf der Veranda sassen, nahm Candy seine Hand und sagte einmal mehr zu ihm: «Wir werden das überstehen, denn wir haben es immer irgendwie geschafft.»

Henry sah sie an, diese Frau, die ihn all die Jahre begleitet hatte. «Ja», antwortete er, drückte ihre Hand und ergänzte: «Wir lassen uns nicht unterkriegen, doch wir müssen Pittsburgh verlassen.»

Candy blickte ihn überrascht an und Henry nannte eine Reihe von Argumenten, die sie schliesslich überzeugten. Aber damit war es noch nicht getan. Sie mussten auch ihre Kinder mit ins Boot nehmen.

Ein paar Tage später folgte das schwierige Gespräch im Kreis der Familie. Henry und Candy setzten sich mit Tim und Becky an den Küchentisch. «Kinder», begann Henry vorsichtig, «wir müssen über etwas Wichtiges reden. Hier in Pittsburgh stehen die Fabriken still. Und Besserung ist für lange Zeit nicht in Sicht. Woanders gibt es mehr Arbeit, vielleicht in Ohio, vielleicht aber auch weiter westlich.»

Becky, erst neun, sah ihren Vater mit grossen Augen an. «Aber was ist mit meinen Freundinnen?»

Tim, ein paar Jahre älter, runzelte die Stirn. «Jetzt, wo es doch gerade so gut läuft in meiner Football-Mannschaft. Dad und Mom, ich kann und will nicht weg von hier.»

Henry seufzte und sah zu Candy, die nickte. «Wir wollen auch nicht weg», sagte sie sanft. «Aber wir müssen das Beste für unsere Familie tun.»

Die Kinder schwiegen, liessen die Worte ihrer Eltern auf sich wirken. Schliesslich sprach Tim. «Wird dann alles besser für uns?»

Candy nahm die Hände ihrer Kinder in ihre eigenen. «Ja. Davon gehe ich aus, denn hier gibt es leider keine Aussicht auf Besserung. Und Daddy braucht einen neuen Job, damit wir ein sicheres und angenehmes Leben führen können.»

In den nächsten Wochen bereiteten sie den Umzug vor. Candy fand eine Stelle in einem Krankenhaus in Cincinnati, und Henry heuerte in einer neuen Maschinenfabrik an, die dringend Personal suchte.

Der Gedanke an einen Neuanfang war für alle beängstigend, aber die Aussicht auf Stabilität und eine bessere Zukunft gab ihnen neue Hoffnung. Das ganze Hab und Gut einzupacken und das Haus zu verkaufen, war ein schmerzhafter Prozess.

Becky klammerte sich an ihren Lieblings-Teddy und flüsterte, dass sie ihre beste Freundin vermissen würde. Tim versprach, seinem Freund Mails zu schreiben, um in Kontakt zu bleiben.

Als sie am letzten Morgen die Kisten ins Auto luden, blieb Henry einen Moment stehen und sah das Haus an. Es war während zehn Jahren ihr Zuhause gewesen, durch gute und schlechte Zeiten. Candy trat neben ihn, nahm seine Hand. «Ein neuer Anfang», sagte sie mit einem kleinen Lächeln. «Zusammen.»

Henry atmete tief durch und nickte. «Ja, zusammen.»

Als sie losfuhren und die Skyline von Pittsburgh hinter ihnen verblasste, spürten sie Angst vor dem Ungewissen – doch ebenso Hoffnung. Sie hatten schon viele Hürden gemeinsam übersprugen, und sie hatten einander. Und das war alles, was sie brauchten, um neu anzufangen.

DEINE NOIZEN

I loved you already

1. I saw you walking by a thousand times
   It must have been love at first sight
   The way you move, the way you shine
   I started to dream of you every night but then

2. I never talked to you or dropped a line
   Afraid you you'd ignore a guy like me
   Then I no longer wanted to hide behind
   And I opened my heart like one, two, three but then

Ch. I Loved You Already, Long Before I Let You Know.
   I Loved You Already, But Was Afraid To Sh
   My Heart Loved You Long Ago – Before I Let You Kno
   But Finally I Had The Courage To Let You Know

Br. How could I ever go on not telling you
   About my feelings down deep inside

Songwriter: Chris Regez © 2020

I loved you already

QR-Code zum Anhören von
«I Loved You Already» auf Spotify

QR-Code zum Anhören der gesamten
Playlist von Chris Regez auf Spotify

Luke Parker war 32 Jahre alt, grossgewachsen, kräftig und er trug einen Bart. Seit fünf Jahren arbeitete er bei J&T Industries in Savannah, Georgia. Die Firma war auf die Herstellung und den Vertrieb von Autoteilen aus Kunststoffen spezialisiert. Luke war im Lager und der Spedition tätig. Er kümmerte sich um den Warenein- und -ausgang, überprüfte die Bestände und sorgte dafür, dass alles von A bis Z reibungslos funktionierte.

Die Arbeit beinhaltete Aufgaben am PC und mit dem Tablet sowie körperlich anstrengende Tätigkeiten. Für Luke war das ideal, denn er mochte die Abwechslung, die ihm sein Job bot. Wenn er am Ende des Tages sah, was er alles geleistet hatte, gab ihm das ein gutes Gefühl.

Die gleichmässigen Abläufe und die Festanstellung gaben ihm Sicherheit, wobei ihm die klaren Strukturen halfen, Ordnung in seinen Gedanken zu bewahren. Trotzdem hatte er an manchen Tagen das Gefühl, dass ihm etwas fehlte in seinem Leben. Nach der Arbeit überkam ihn ab und zu ein Gefühl von Einsamkeit.

Caroline Brooks war achtundzwanzig und seit drei Jahren in der Finanzabteilung von J&T Industries tätig. Sie dachte klar, strukturiert und analytisch. Das waren Eigenschaften, die sie in ihrem Job gut gebrauchen konnte. Caroline war verantwortlich für die Budgets und die Überwachung der Finanzen des Unternehmens. Sie liebte Zahlen, ihre Klarheit und ihre Aussagekraft.

Was sie ebenso liebte, waren die Momente, in denen sie Luke zufällig im Betrieb begegnete. Doch das wollte sie sich eigentlich gar nicht eingestehen.

Sie sah ihn oft, wenn sie Unterlagen in der Spedition abholen oder eine grössere Rechnung nochmals überprüfen musste. Luke wirkte stets konzentriert, mit leicht zusammengezogenen Brauen und einem Ausdruck tiefer Hingabe für seine Arbeit. Manchmal wischte er sich mit seiner Hand über die Stirn, nachdem er schwere Kartons geschleppt hatte, und sie ertappte sich dabei, wie sie sich fragte, wie seine Hände sich anfühlen würden. Rau und stark, aber vielleicht auch sanft? Ob er ahnte, dass sie ihn beobachtete? Und dachte er vielleicht auch mal an sie?

Luke hatte Caroline von Anfang an bemerkt. Sie war etwas anders als die meisten Frauen, die er kannte. Intelligent, stilvoll, immer professionell im Businesslook gekleidet. In Blusen, Röcken und schwarzen Strümpfen. Mit ihren High Heels bewegte sie sich elegant durch das Gebäude. Sie wirkte unnahbar, fast unerreichbar, und doch schienen ihre Blicke ihn manchmal länger zu streifen, als es notwendig war.

Ein flüchtiges Lächeln, ein kurzes Zögern, wenn sie an ihm vorbeiging. Alles winzige Gesten, die sich tief in sein Bewusstsein brannten.

Und so verging die Zeit. Sie kreuzten sich in den Gängen und tauschten gelegentlich ein Lächeln. Doch sie redeten nie wirklich miteinander. Es war ein Mix aus unausgesprochenen Worten, gepaart mit verstohlenen Blicken und verhaltenem Interesse. Beide wagten es nicht, die unsichtbare Grenze zwischen ihnen zu überschreiten.

An einem warmen Samstagabend gegen Ende des Sommers liess sich Luke von seinem besten Freund Jake überreden, das Stadtfest zu besuchen. Der Duft von gebrannten Mandeln und Zuckerwatte hing in der Luft, vermischt mit dem Klang lachender Stimmen und dem Surren der Karussells. Das fröhliche Treiben erinnerte Luke an seine Kindheit, als er mit seinen Eltern den bunten Jahrmarkt in seiner Heimatstadt besuchte. Das war jeweils einer der lange herbeigesehnten Höhepunkte des Jahres.

Luke trug ein graues T-Shirt, darüber ein Jeanshemd und schwarze Jeans. Seine üblichen Arbeitsschuhe hatte er gegen bequeme weisse Sneakers getauscht. Es war schon später Nachmittag und sein Freund war bereits nach Hause gegangen, da er noch familiäre Verpflichtungen hatte.

Gerade als sich Luke nach einem Stand mit Süssigkeiten umsah, blieb sein Blick an einer vertrauten Person hängen. Caroline.

Sie stand in der Nähe des Karussells, in einem orangen T-Shirt mit weissen Streifen und Jeans. Dieser Freizeitlook liess sie für Luke in einem neuen Licht erscheinen. Er hatte sie noch nie so gesehen, da sie im Büro – mit Ausnahme von einigen «Casual Fridays» – stets formell gekleidet war. Und selbt dann kam sie noch sehr elegant daher. Ihr braunes Haar fiel in sanften Wellen über ihre Schultern, und die Strahlen der Abendsonne spiegelten sich auf ihrer Haut. Sie wirkte wie aus einer anderen Welt, als gehöre sie nicht in diese laute, farbenfrohe Szenerie, sondern an einen Ort der Ruhe, Anmut und Eleganz. Doch welch schöne Überraschung das war!

Lukes Herz setzte für einen Moment aus. Sollte er zu ihr hinübergehen oder sich umdrehen und so tun, als hätte er sie nicht gesehen? Bevor er richtig überlegen konnte, trafen sich ihre Blicke. Überraschung blitzte in ihren blauen Augen auf, bevor Luke das warme Lächeln auf ihren Lippen erkannte.

Sie kam einige Schritte auf ihn zu. «Hey, Luke», sagte sie zögernd, aber freundlich.

«Hey, Caroline», erwiderte er und fuhr sich verlegen

durch das Haar. «Du hier? Ich hätte nicht damit gerechnet, dich hier zu sehen.»

Sie lachte leise und ihr Blick streifte ihn neugierig. «Gleichfalls. Eigentlich wollte ich mit einer Freundin herkommen, aber sie sagte kurzfristig ab. Also bin ich alleine hier.»

Luke holte tief Luft und er spürte, wie sein Mut wuchs. «Willst du vielleicht … ein bisschen Gesellschaft?»

Sie nickte, ihre Wangen färbten sich leicht rosa. «Sehr gerne.»

Sie schlenderten gemeinsam durch die Menschenmenge, bevor Luke versuchte, an einem Stand ein Stofftier für sie zu schiessen. Doch seine Treffsicherheit liess zu wünschen übrig. Er war viel zu nervös.

Dafür landete Caroline fast bei jedem Ringwurf einen Volltreffer. Danach assen sie eine Cinnamon Roll und tranken einen Kaffee dazu. Jedes Mal, wenn sich ihre Hände wie zufällig berührten, durchzuckte ihn ein prickelndes Gefühl.

Später kaufte er zwei Tickets fürs Riesenrad. Sie nahmen gegenüber Platz und schnell befanden sie sich in luftiger Höhe. Als die Gondel ganz oben ankam und stoppte, seufzte Caroline leise und blickte auf die

Menschenmenge und die Stände unter ihnen. «Ich liebe den Jahrmarkt. Jedes Mal, wenn ich hier bin, erinnere ich mich an meine Jugend.»

«Geht mir genauso», sagte Luke lächelnd und beobachtete dabei den sanften Glanz in ihren blauen Augen. Dabei fiel ihm das verschmitzte Lächeln auf, das ihre Lippen umspielte. «Ich mag es, dich so zu sehen», murmelte er. «Glücklich. Gelöst. Nicht so unter Druck wie in der Firma.»

Sie sah ihn an, und für einen Moment schien alles um sie herum stillzustehen. Sie waren alleine in der Gondel und jetzt wäre es der perfekte Moment gewesen, bisher unausgesprochene Gedanken auszusprechen. Doch Luke war zu schüchtern. Genauso schüchtern wie Caroline.

Doch als sie sich verabschiedeten und Caroline sich zu ihrem Auto drehte, wusste Luke, dass er es versuchen musste. Wenn nicht jetzt, wann dann? Er wollte diese Chance nicht ungenutzt verstreichen lassen und nahm all seinen Mut zusammen: «Caroline, hättest du Lust, morgen Abend mit mir essen zu gehen?»

Sie blickte ihn überrascht an, bevor ein Ausdruck des Bedauerns über ihr Gesicht huschte. «Oh, Luke … das würde ich wirklich sehr gerne, aber ich habe morgen schon etwas vor. Tut mir leid.»

Er zwang sich zu einem Lächeln. «Kein Problem. Vielleicht ein anderes Mal?»

Sie nickte. «Ja … ja, vielleicht. Mal schauen.»

Doch als sie in ihrem Auto davonfuhr, war Luke unsicher. Hatte sie wirklich keine Zeit, oder wollte sie einfach nicht?

Der Sonntagmorgen begann mit grauen Wolken, die sich über die Stadt gelegt hatten. Luke stand früh auf, da er nicht mehr schlafen konnte. Doch statt mit Energie in den Tag zu starten, fühlte er sich seltsam kraftlos.

Er trank zwei Tassen Kaffee, doch selbst das kräftige Aroma konnte die Schwere, die er in seinem Körper fühlte, nicht vertreiben. Während er in seiner kleinen Küche stand, die Arme vor der Brust verschränkt, fiel sein Blick immer wieder auf sein Smartphone. Er fragte sich, würde sie sich melden? Eine kurze Nachricht vielleicht, ein Dankeschön für den gemeinsamen Abend?

Aber auf dem Bildschirm erschienen keine Mitteilungen. Luke versuchte sich abzulenken. Zuerst mit Jogging durch den nahegelegenen Park, wo die ersten Blätter von den Bäumen fielen. Es war ein deutliches Zeichen, dass der Herbst langsam nahte.

Luke dachte an den gestrigen Abend und an Caroline zurück. An das Leuchten in ihren Augen, als sie auf dem Riesenrad sassen, an das Lachen, das sie teilten, als sie beim Stadtfest gemeinsam durch die Menschenmenge schlenderten.

Er fragte sich, ob es für sie genauso besonders gewesen war wie für ihn? Oder war es für sie einfach nur ein normaler Samstagabend gewesen, so wie jeder andere? Dann fragte er sich, ob er sich vielleicht alles nur eingebildet hatte.

Zurück in seiner Wohnung, duschte er und dann machte er sich ein BLT-Sandwich. Doch die Tomaten, der Salat und selbst die Mayonnaise kamen ihm geschmacklos vor.

Die Stunden zogen sich endlos dahin und mit jedem neuen Blick auf sein Smartphone verstärkte sich seine Unsicherheit. Er fragte sich, ob er ihr schreiben sollte? Doch er wollte sich nicht aufdrängen.

Vielleicht war es naiv, zu glauben, dass eine Frau wie Caroline – elegant, intelligent, mit einer Karriere, die sie voller Selbstbewusstsein meisterte – an einem einfachen Arbeiter wie ihm interessiert sein könnte. Vielleicht war sie nur höflich, als sie ihm gesagt hatte, sie hätte schon Pläne. Vielleicht wäre ihre ehrliche Antwort gewesen: «Ich habe kein Interesse an dir.»

Als der Sonntagabend hereinbrach, legte er sich auf das Sofa, und hörte sich über sein Bose-Soundsystem die neusten Country-Hits an. Er liess sich von den Songs berieseln und versuchte, seine Gedanken zu beruhigen und sich abzulenken. Leider ohne Erfolg.

Er ging früh ins Bett, drehte sich unruhig von einer Seite auf die andere und starrte an die Decke. Was, wenn sie ihm am Montag auf der Arbeit aus dem Weg ging und ihm die kalte Schulter zeigte? Was, wenn er die unvergesslichen Momente in der Gondel mit seiner Frage nach einem gemeinsamen Essen am Sonntag gleich wieder zerstört hatte?

Irgendwann schlief er doch ein. Doch es war ein unruhiger Schlaf. Mit dem Bild von Caroline vor seinem inneren Auge.

Der Montagmorgen begann mit leichtem Morgennebel, der über der Stadt lag. Luke brauchte eine heisse Dusche und einen starken Kaffee, um in die Gänge zu kommen. Von Caroline war über Nacht keine Nachricht gekommen. Enttäuschung machte sich breit.

Luke betrat das Firmengebäude mit einer Mischung aus Nervosität und Entschlossenheit. Nervös, weil er sich immer wieder die Frage gestellt hatte, wie ihr Wiedersehen wohl sein würde. Entschlossen, weil er Caroline nochmals für ein Date fragen wollte.

Er hatte sich fest vorgenommen, sich von seiner Nervosität nichts anmerken zu lassen. Sollte Caroline ihm tatsächlich aus dem Weg gehen, würde er dies nicht einfach so hinnehmen. Tief in seinem Inneren hoffte er jedoch auf ein Zeichen, dass für ihn noch alles möglich war.

Luke durchquerte die Lagerhalle, tauschte einige Worte mit Kollegen und versuchte, sich auf die Arbeit zu konzentrieren. Doch als er eine kurze Kaffeepause einlegte und den kleinen, schlichten Pausenraum betrat, blieb er abrupt stehen.

Caroline war bereits dort. Wieder in ihrem eleganten Business-Outfit. Sie lehnte an einem Tisch, eine Tasse in ihren Händen. Ihr braunes Haar fiel wie immer in sanften Wellen über ihre Schultern. Sie trug eine himmelblaue Bluse, die ihre Augen perfekt zur Geltung brachte.

Als sie ihn bemerkte, hob sie ihren Kopf. Und dann geschah etwas, das in einem Sekundenbruchteil die ganze Anspannung von Luke nahm. Caroline lächelte. Nicht verlegen, nicht gezwungen. Einfach warm und herzlich, als wäre im positiven Sinne alles klar zwischen ihnen.

«Guten Morgen, Luke», sagte sie, und ihre Stimme klang weich und vertraut. Herzlicher als je zuvor.

Sein Herz machte einen unkontrollierten Sprung und er antwortete: «Guten Morgen, Caroline.» Dabei löste sich seine Unsicherheit rasch in Luft auf.

In diesem Moment wusste er: Es war nicht vorbei. Es war noch alles möglich. Sie sprachen kurz miteinander, doch Luke war trotz der positiven Signale zu nervös, um sie nochmals nach einem Date zu fragen.

Zwei Tage vergingen, in denen sie sich immer wieder für kurze Momente im Pausenraum oder auf dem Flur begegneten.

Dann endlich fasste sich Luke ein Herz. Endlich traute er sich, Caroline nochmals zu fragen. Es war Mittwoch, kurz vor Feierabend, als er sie auf dem Weg zum Parkplatz abfing.

Die Strahlen der Abendsonne tauchten die Umgebung in ein goldenes Licht. Als er auf sie zuging, hatte Luke für einen Moment das Gefühl, als ob die Welt den Atem anhalten würde.

«Caroline …», begann er schüchtern, rieb sich verlegen den Nacken und atmete tief durch. «Ich wollte dich fragen, ob du vielleicht am Freitagabend mit mir essen gehen möchtest?»

Caroline zögerte keine Sekunde mit ihrer Antwort.

Sie sah ihn an, lächelte dabei sanft und sagte: «Ja, sehr gern.»

Mit diesen drei einfachen Worten durchbrach sie seine Unsicherheit endgültig und seine Zweifel verflogen von einer Sekunde auf die andere.

Luke versuchte gar nicht erst seine Erleichterung zu verbergen, als er antwortete: «Wow! Cool.»

Der Freitagabend kam schneller, als Luke erwartet hatte, obwohl es sich zeitweise wie eine Ewigkeit anfühlte. Er fuhr mit seinem Auto zum modernen Wohnblock, wo sich ihre Wohnung befand. Caroline wartete bereits vor der Eingangstür.

Sie trug High Heels und ein dunkelblaues, langes Kleid. Schlicht und doch atemberaubend. Ihr Haar fiel wie immer in sanften Wellen über ihre Schultern, und ihr Parfum war eine Mischung aus Vanille und einer zarten blumigen Note.

«Du siehst wunderschön aus», sagte er bewundernd.

Sie lächelte – diesmal mit einem Anflug von Verlegenheit. «Danke für dein Kompliment. Du aber auch.»

Das Restaurant, das er vorgeschlagten hatte, lag am Fluss. Die kleinen Laternen warfen ein warmes Licht auf die Terrasse, und das leichte Rauschen des Wassers verlieh dem Ambiente eine idyllische Atmosphäre.

Ihr Gespräch floss so mühelos, als wären all die Jahre der Distanz im Betrieb, trotz der eigentlichen Nähe, nie da gewesen. Sie lachten über lustige Erlebnisse in der Firma und sie sprachen über ihre Träume, Ziele, Erinnerungen und Pläne.

Als das Dessert serviert wurde, eine unwiderstehliche Crème brûlée, beobachtete Luke, wie sie langsam mit dem Löffel durch die knusprige Karamellschicht fuhr.

«Ich bin so froh, dass du mich gefragt hast», sagte Caroline leise und blickte ihn dabei vorsichtig an.

Er lächelte und nahm ihre Hand in seine. So, als wäre es die normalste Sache der Welt: «Und du kannst dir nicht vorstellen, wie glücklich ich war, als du Ja gesagt hast.»

Später, als sie auf dem Parkplatz standen und die kühle Nachtluft einen Hauch einer Brise mit sich brachte, strich Luke eine lose Haarsträhne aus ihrem Gesicht. Dann sagte er leise: «Ich mag dich, Caroline. Sehr.»

Sie sah ihn mit ihren tiefen, ausdrucksvollen Augen an und trat dann einen Schritt näher und ergriff seine Hand.

«Ich dich auch, Luke.»

Dann endlich küssten sie sich. Zuerst sanft und vorsichtig, als wollten sie diesen Moment für immer bewahren.

Als sich ihre Lippen erneut fanden, war es mehr als das. Es war der Moment von etwas Neuem, etwas Wunderbarem, das gerade eben erst begann. Dabei vergassen sie alles um sich herum.

Als sie ihn später fragte, ob er noch auf einen Kaffee mit hochkommen wollte, wusste Luke, dass es ihr an diesem Abend nicht nur um Kaffee ging. Es ging um Nähe, um Vertrauen und um zwei Herzen, die sich längst gesucht hatten. Und es ging um zwei Herzen, die sich endlich gefunden hatten.

In dieser Nacht wurde Luke klar: Er hatte sie schon lange geliebt. Und endlich wusste sie es auch.

Dritte Auflage
«Teil 1» (2017 erschienen)
Songwriter
DEM SOUND DER LIEBE AUF DER SPUR
CHRIS REGEZ
Der Songwriter TEIL 1

«Der Songwriter» (Musikroman Teil 1)

Freundin weg. Job weg. Alles weg. Joe Baker ist am Tiefpunkt seines Lebens angelangt. Doch er hat einen Traum.

Er verlässt seine Heimatstadt San Diego und will in Nashville sein Glück als Songwriter versuchen. Nur mit Gitarre, Notebook, ein paar selbst geschriebenen Songs und der Adresse einer Sängerin in der Hand landet er an einem warmen Herbsttag in der Music City USA.

Mit einem gemieteten Ford Mustang beginnt sein neues Leben in Nashville. Jeder Tag bringt neue Überraschungen: Liebe, Erotik, Betrug, neue Songs, Enttäuschungen, Hoffnung, Intrigen, Eifersucht und Verbrechen. Die Frage stellt sich: Findet Joe Baker aus der Negativspirale heraus und kann er seine Träume verwirklichen?

ISBN: 978-3-7448-9312-1

Erhältlich im Buchhandel, in Online-Bookstores und auf www.der-songwriter.com

Dritte Auflage
«Teil 2» (2019 erschienen)
Entscheidung in Florida
BERÜHREN UND VERFÜHREN
CHRIS REGEZ
Der Songwriter TEIL 2

120

«Entscheidung in Florida»
(Musikroman «Der Songwriter» Teil 2)

Bruce Cannon erreichte in den 90er-Jahren unter dem Künstlernamen «Randy Jackson» alles, wovon ein Country-Star träumen konnte. Doch dann setzte ihn seine Plattenfirma auf die Strasse. Jetzt, 20 Jahre später, erhält Bruce Cannon eine niederschmetternde Krankheitsdiagnose. Um seiner zweiten Frau und ihrer Tochter – auch nach seinem möglichen Tod – die Existenz zu sichern, muss er neue Hits komponieren. Doch alleine schafft er dies nicht mehr. Deshalb lädt er Joe Baker nach Florida ein, um mit ihm neue Hits zu schreiben. Ein Wettlauf gegen die Zeit beginnt.

Joe Baker und seine Ehefrau Allison durchleben hektische Zeiten in Nashville. Ihre Tournee und das Familienleben mit den Kindern halten sie auf Trab.

Leona Black spielt seit fünf Jahren jeden Abend vor vollem Haus in einem Casino in Las Vegas. Ihre Plattenfirma plant ein Duett mit ihr und Bruce Cannon (alias «Randy Jackson») für ihre neue CD. Doch lässt sein Gesundheitszustand ein Comeback überhaupt noch zu?

ISBN: 978-3-7481-3297-4
Erhältlich im Buchhandel, in Online-Bookstores und auf www.der-songwriter.com

Zweite Auflage
«Teil 3» (2020 erschienen)
Fatale
Kettenreaktion
AUFGEBEN IST KEINE OPTION
CHRIS REGEZ
Der Songwriter
TEIL 3

«Fatale Kettenreaktion»
(Musikroman «Der Songwriter» Teil 3)

Der bekannte Songwriter Joe Baker wurde bei einer Ausfahrt mit einem Jetski in Florida von einem Schiff gerammt. Dabei verlor er sein Erinnerungsvermögen. Jetzt liegt er in einem Krankenhaus in Naples, Florida. Er erkennt weder seine Ehefrau Allison noch seine Kinder.

Viele Fragen stehen im Raum: Wer ist verantwortlich für das Unglück und weshalb beging diese Person Fahrerflucht? Wird die Polizei den oder die Schuldigen finden? Wie geht es mit Joe weiter? Kann seine Amnesie geheilt werden und wird er seine Familie je wieder erkennen? Kann er je wieder Songs schreiben, die das Potenzial für neue Hits haben?

Die Ermittlungen der Polizei lösen eine fatale Kettenreaktion aus.

Liebe, Musik und Drogen vermischen sich in einem turbulenten Cocktail mit dem Höhepunkt in den Wäldern Kanadas.

ISBN: 9 783754 331 682
Erhältlich im Buchhandel, in Online-Bookstores und auf www.der-songwriter.com

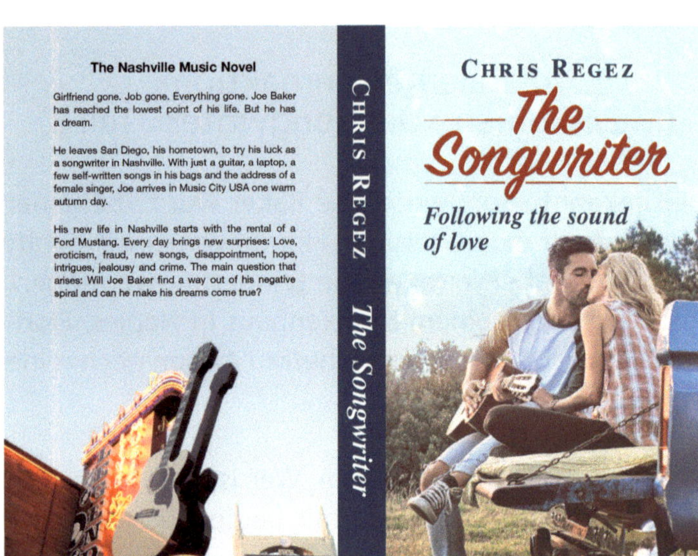

«Part 1» (2020 Translation)

«The Songwriter»
(English Version)

Girlfriend gone. Job gone. Everything gone. Joe Baker had reached the lowest point of his life. He decided to put everything at stake by leaving San Diego, California and trying his luck as a professional songwriter in Nashville, Tennessee. However, becoming a successful songwriter was anything but easy. Thousands of people tried to make a living as musicians in Nashville. Yet very few were successful. Most of them worked as bartenders or waiters to make ends meet.

Joe Baker arrived in the «Music City USA» with just a guitar and some of his self-written songs. He was about to begin his new life in Nashville.

It was not just life as a musician that made his heart beat faster. Allison Monroe, an attractive female singer was the cause for his sleepless nights. And as if that weren't enough, his ex-girlfriend Sandy was another reason for making his heart pound strongly.

Every day brought new surprises: love, eroticism, deception, disappointment, new songs, intrigues, envy, jealousy, crime and hope. The question that arose: Would Joe Baker be able to make his dreams come true?

Paperback ISBN: 9781098311438
e-Book ISBN: 9781098313746

Weitere Infos zu den Büchern

www.der-songwriter.com
www.facebook.com/buch.der.songwriter

Infos zur Musik

www.chris-regez.ch
www.facebook.com/chrisregez

Dein Feedback

Über dein Feedback zum Buch freue ich mich.
Sende ein E-Mail an:
sound@chris-regez.ch

Vielen Dank!

Der Autor

Chris Regez, geboren 1968 in Aarau (Schweiz), reiste im Alter von 21 Jahren erstmals nach Nashville. Dort lernte er Musiker, Produzenten und Songschreiber kennen. Seither hat er 10 CDs veröffentlicht, wovon er 5 in Nashville produzierte.

Eine seiner Reisen nach Nashville inspirierte den Autor und Musiker im Jahr 2017 zum ersten Roman «Der Songwriter». Zwei Jahre später erschien die Fortsetzung «Entscheidung in Florida». Der Erfolg führte zur Englisch-Übersetzung des ersten Romans, der 2020 unter dem Titel «The Songwriter» in den USA erschien. Im gleichen Jahr veröffentlichte Chris den dritten Teil der Songwriter-Serie unter dem Titel «Fatale Kettenreaktion.

Im neuen Buch erweckt Chris seine Songtexte zu noch mehr Leben und macht daraus Kurzgeschichten.

Chris Regez ist weiterhin musikalisch aktiv: www.chris-regez.ch